3번째 세상
메타버스의
비즈니스 기회

3번째 세상 메타버스의 비즈니스 기회

김지현 지음

BM (주)도서출판 성안당

지난 20년 간 다양한 시도와 연구가 되어 온 메타버스는 2020년
부터 차세대 패러다임의 주역이 될 날개짓을 하고 있다. 드디어
가성비 뛰어난 VR, AR 기기들이 등장하고, 관련 생태계가 무르
익으면서 볼거리가 늘어나고 있다. 2000년대의 웹, 2010년대의
모바일이 인터넷 산업을 도약시킨 것처럼 2020년대는 메타버스
가 새로운 산업 변화와 비즈니스의 기회를 만들어 줄 것이다. 메
타버스는 웹, 모바일과는 차원이 다른 서비스와 더 넓고 다양한
영역에서 사업 혁신이 일어날 것이다. 10년마다 인터넷 생태계
에 거대한 패러다임의 변화가 있었고, 이번은 과거보다 더 큰 파
고가 일 것이다. 메타버스 시대를 맞이하여 이 시점에 우리는 어
떤 기회를 얻을 수 있을까? 메타버스가 가져올 일상, 사회, 산업
변화와 우리의 자세, 비즈니스의 가능성을 전망한다.

지난 30년을 되돌아보면 2번의 큰 기회와 설렘이 있었다. 첫 번째는 1997년경 급격하게 보급된 컴퓨터가 만든 웹이고, 두 번째는 2011년부터 확산된 스마트폰으로 개막된 모바일 앱이다. 2번의 변화는 우리의 일상, 사회 그리고 산업 구조의 커다란 변화를 가져왔다. 그런데 이보다 더 큰 파도가 일렁이고 있다. 바로 메타버스 패러다임이다. 세 번째 변화는 VR이라는 새로운 기기로 시작되고 있다. 지난 30년 동안 컴퓨터, 스마트폰 외에도 노트북, PDA, 삐삐, 휴대폰, 태블릿 등 다양한 기기와 기술들이 선보였지만 컴퓨터, 스마트폰에 비교할 수 없었다. 그 차이는 어디에서 기인하는 것일까?

그간 얼리 어답터이자 신사업 전문가로서 여러 기술과 분야의 경험에 비춰볼 때 두 가지이다. 하나는 확장된 생태계. 둘은 차원이 다른 경험이다.

컴퓨터나 스마트폰은 이 기기 자체로 인해 새로운 생태계가 형성되었다. 이를 사용하면 부수적으로 여러 부품과 액세서리를 추가로 구매하게 된다. 컴퓨터는 프린터와 복합기, PC 카메라 등 여러 주변기기들을 만들어 냈고, 스마트폰은 케이스와 거치대, 블루투스 스피커 등이 필요하다. 게다가 컴퓨터를 사용하면서 MS오피스, 알집, 곰플레이어 등의 소프트웨어가 없으면 앙꼬 없는 찐빵이다. 스마트폰도 얼마나 많은 앱을 만들어 냈는지 생각해 보면 이 두 기기가 하드웨어는 물론 소프트웨어 전반에 새로운 비즈니스 생태계를 조성했다는 것을 알 수 있다. 바로 그런 확장된 생태계를 만든 것이 기존 기술들과 다르게 평가받는 이유다.

처음 컴퓨터를 접하면서 설렜던 경험은 기존의 TV나 라디오, 워크맨과 같은 기기에서는 전혀 느끼지 못했던 것이었다. 그저 리모컨이나 버튼으로 제한된 조작만 할 수 있던 기존 기계와 달리 컴퓨터는 반응을 하고 에러도 생기고 소프트웨어만 설치하면 전혀 다른 용도와 기능으로 변신하는 것으로 정말 기존에 경험할 수 없었던 것이다. 스마트폰 역시 상상할 수 없었던 차원이 다른 경험을 가져다 주었다. 컴퓨터를 들고 다니며 사용할 수 있는 수준 정도가 아니라 내가 있는 위치를 바로 알 수 있고, 어디서나 택시를 부르고, 신용카드도 대체할 수 있는 정도이니 얼마나 대단하고 신기한 경험이겠는가.

그렇게 두 기기는 새로운 생태계를 만들고 더 나은 경험을 가져다 주었다.

지금 메타버스를 주목하는 이유는 바로 그런 기술이기 때문이다. 기술 변화를 전망할 때 유의해야 할 점은 그 기술을 어떤 앵글, 어떤 레벨로 봐야 하는지를 정하는 것이다. 메타버스는 웹, 모바일 수준의 레벨로 봐야 하고, 인터넷의 새 지평을 여는 앵글로 바라봐야 한다. 그만큼 새로운 인터넷 생태계를 만들 상당한 파급력을 갖춘 패러다임으로 해석해야 한다.

이 책에서는 메타버스를 어떻게 우리가 바라봐야 할지, 앞으로 메타버스가 가져올 사회, 산업 변화 전망은 무엇일지를 진단했다. 특히 메타버스로 인해 우리에게 어떤 비즈니스 기회가 있을지 다양한 영역에서 상상하고 전망했다. 그 비즈니스 기회에 대해 핵심적인 것만 요약하면 다음과 같다.

첫째, 창작자 경제(Creator Economy)가 본격적으로 펼쳐지며 개인 창작자에게 더 큰 기회와 가능성이 생길 것이다. 우리가 블로그에 글을, 유튜브에 영상을, 인스타그램에 사진을 올리듯이 메타버스에서는 아바타를 만들고 옷과 액세서리로 치장하고 공간에 건물과 가구, 조명, 액자처럼 현실과 같은 디지털 사물들을 만들어 배치하는 것이 자연스러워질 것이다.

둘째, 우리 기업 내부에서도 보다 생산적인 협업과 커뮤니케이션을 돕는 도구로써 활용될 것이다. 답답한 사각형의 좁은 디스플레이에 갇혀 회의를 하는 것보다 끝없이 펼쳐진 넓은 공간 속에서 우리 구성원들이 투영된 아바타를 보며 토론하고 회의하는 것이 훨씬 더 몰입감이나 현장감이 뛰어날 수 밖에 없다. 실제 메타버스를 연구하면서 회의 등을 〈스페이셜(Spatial)〉이라는 오큘러스 퀘스트2를 지원하는 앱으로 했었는데, 줌(Zoom) 같은 평면적인 회의 앱보다 전달력이나 공감의 깊이가 더 크다는 것을 느꼈다.

셋째, 가상 컴퓨터와 가상 사무실도 주목되는 시장이다. 텅 빈 책상 앞에 메타버스 기기를 쓰고 의자에 앉으면, 광활한 크기의 모니터가 3대나 있고, 책상 위에 조명과 멋진 액세서리가 나타난다. 실제 책상 위에 올려진 키보드와 마우스를 사용하면, 가상에만 존재하던 클라우드 컴퓨터가 동작되고, 커다란 모니터에 화면이 출력된다. 모니터는 더 크게 만들 수도, 원하는 위치에 둘 수도 있다. 벽면 전체를 디스플레이로 만들 수도 있다. 컴퓨터 업그레이드와 관리 보수도 더 이상 필요치 않다. 메타버스로 클라우드에 연결하면 회사, 집, 카페 어디서든 내 집무실을 불러와 고성능의 컴퓨팅을 이용할 수 있다.

넷째, 메타버스 생태계에 사업을 하는 여러 기업들을 위한 솔루션의 기회이다. 기존의 온라인이 오프라인과 대척점에 있었다면 메타버스는 기존 온라인과 오프라인을 연동해 제3의 세계로 융합해주는 서비스의 특징을 띄고 있다. 즉, 오프라인 세상의 건물이나 사물, 브랜드가 고스란히 메타버스 속에 같은 모습으로 실체가 되어 나타나거나 오프라인 현실에 기존 온라인의 정보를 투영해서 보여줌으로써 두 세계 즉, 온라인과 오프라인이 따로 놀지 않고 잘 연계되도록 해준다. 그런 관점에서 볼 때 메타버스의 비즈니스 솔루션으로 생각해볼 수 있는 것이 오프라인에 있는 사물들 예를 들어, 책상이나 가구, 전자기기, 액자 등을 메타버스 내에서 인식하는 프로토콜에 대한 것이다. 일종의 인증 기술이라 볼 수 있다. 한마디로 메타버스 공간에서 가상의 경험만 하는 것이 아니라 오프라인과 밀결합된 새로운 체험 즉, 오프라인에서는 물리적 한계로 할 수 없는 것을 메타버스에서 할 수 있도록 해주는 것이 이런 기술로 가능할 것이다. 이 기술이 AI 아바타와 연동되면 메타버스 내에서 AI 아바타를 호출해 집안의 조명이나 전자기기를 조작하고, 보안 카메라에 촬영된 영상을 찾아보고, 편집해서 이메일로 보내는 것도 가능해질 것이다.

다섯째, 마지막으로 NFT의 기회이다. 메타버스가 기존 ICT 플랫폼과 다르다고 느꼈던 요소 중 하나가 바로 경제 생태계이다.

〈로블록스〉나 〈제페토〉 등의 대표적인 메타버스 서비스를 보면 자체 서비스 내에서 사용 가능한 디지털 화폐가 있다. 로벅스, 잼이라고 부른다. 이 화폐로 이들 서비스 내에서 사용자 간에 디지털 상품을 거래하고 선물한다. 향후 메타버스 생태계가 보다 확장되려면 서로 다른 메타버스 간 그리고 기존의 온라인과 오프라인 간에도 결제와 거래가 용이해야 한다. 일례를 들면, 웹의 오픈시(OpenSea)라고 하는 NFT 마켓에서 구매한 디지털 예술가의 창작물을 메타버스의 내 거실 액자에 전시하고, 실제 현실에 있는 다이닝룸의 디지털 액자에도 걸어 두려면 각 플랫폼을 넘나드는 규약이 필요하다. 또, 내 메타버스 공간에 전시한 이 그림을 자신의 메타버스 공간에 걸어 두고 싶은 사람에게 1년 간 임대를 해주고, 그에 상응하는 임대료를 받고 원 창작자에게 20%의 저작권료를 지불할 수 있게 하려면, 거래 시 계약 등의 조항을 기록해서 이에 맞게 운영될 수 있도록 해야 한다. 이때 필요한 것이 메타버스를 넘나드는 NFT 솔루션이다. 이런 솔루션이 뒷받침되어야 메타버스와 온오프라인을 넘나들며 창작물의 거래와 활용이 자유로워질 것이다.

개인적으로 가장 주목했던 지점은 메타버스 공간 속의 인터페이스이다. 사실 메타버스에 입장하면 머리에 쓴 작은 헬멧과 두손에 쥔 컨트롤러가 여간 불편한 것이 아니다. 시야가 탁 트이고 어디를 봐도 디지털이 따라 다니는 메타버스 속에서 타이핑으로 검색을 하거나 웹을 이용하고, 공간을 점핑하며 이동하고 앱을 실행하는 과정은 어색하고 불편하다. 여전히 메타버스는 개선의 여지가 많다.

이를 고려해 메타버스 속 AI 어시스턴트(Assistant)의 역할이 중요해지리라 생각이 든다. 오프라인에 있는 스마트폰 속 AI 비서나 스마트 스피커의 AI보다 메타버스 안에서의 AI가 훨씬 더 필요하다는 것이다. 말만 하면 메타버스 내 어디에 있든 즉시 AI 비서가 내가 필요로 하고 요구하는 서비스를 대신 호출, 검색해 준다면 메타버스 사용이 훨씬 더 수월해질 것이다.

특히 메타버스 내에서의 AI 비서는 온전히 메타버스 공간 자체가 100% 디지털이기 때문에, 오프라인 속 AI보다 더 완전하고 빠르게 우리의 콘텍스트를 파악해 요구하는 사항을 제공할 수 있으리라 기대된다. 그런 AI가 아바타의 모습으로 늘 나를 따라 다닐 수 있고 형체없이 늘 내 귓가에서 필요로 하는 것을 제공할 수도 있을 것이다. 웹 검색 엔진이나 모바일의 추천, 큐레이션과 같은 역할을 하는 셈이니 훌륭한 마케팅 솔루션이고, 비즈니스 도구가 될 것이다. 메타버스에서 AI 비서를 불러 메타버스 밖 휴대폰으로 전화를 걸고, 스케줄 비서를 불러 빈 날짜의 시간에 일정을 기록해 스마트폰 캘린더에 등록해주는 등 특정 기능을 수행하는 AI 비서가 나올 수도 있고, 통합된 비서 하나가 뭐든 해줄 수도 있지 않을까?

또 AI 아바타를 기업에 솔루션으로 제공한다면, 메타버스에서 기업 제품을 사람 대신 안내하고 체험할 수 있도록 해주며, 고객 상담도 가능할 것이다.

개인적으로 시간적 여유가 없는 상황에서 키보드를 두드릴 수 있었던 것은 사랑하는 가족의 지지(지원의 응원, 범준의 자극, 재희의 의견) 덕분이다. 지면을 빌어 고마움을 전한다. 책을 읽는 독자들에게 메타버스 세상이 달나라 이야기가 아니라 우리가 사는 이 세상의 이야기로 피부에 와 닿고, 이 자극으로 새로운 기회를 얻을 수 있는 가능성을 엿보면 좋겠다.

저자 김지현

Contents

Part 1
신세계인가! 신기루인가?

Part 2
메타버스의 수혜주, 유망 사업은?

Part 3
우리는 메타버스 시대를 어떻게 준비할까?

메타버스(metaverse)야 말로 기존 웹, 모바일을 넘어 오프라인 시장까지 포함해 거대한 변화를 몰고 올 개념이다. 수년 전부터 메타버스와 관련된 서비스와 사업들이 다양하게 시도되어 왔지만 2000년대의 스마트폰처럼 여전히 시기상조였다. 모바일 시장도 아이폰이나 갤럭시S와 같은 기기가 선보이면서 개화된 것처럼 메타버스 역시 그런 대표 기기가 거대한 변화를 만들어낼 것이다. 그런 기기들이 2020년대 말부터 출시되면서 메타버스 패러다임이 개막될 조짐을 보이고 있다. 이 과정에 메타버스 시장을 장악하려는 기업들의 움직임도 빨라지고 경쟁도 치열해지고 있다.

Part I

신세계인가! 신기루인가?

메타버스,
모바일과
뭐가 다를까?

메타버스에 대한 정의는 전문가마다 조금씩 다르다. 관련 시장과 기술이 빠르게 진화, 발전하고 있어 시간이 흐르면서 정의도 달라지고 있다. 그럼에도 메타버스를 이해하는 데 있어 메타버스의 다양한 정의와 지난 역사를 돌아볼 필요는 있다. 무엇보다 메타버스를 인터넷, 모바일, 게임, 인터넷 서비스 중 어떤 것을 대상에 두고 비교해야 할 것인지도 중요하다.

어제 오늘의 기술이 아닌
20년 넘은 과거 개념

　대부분의 기술은 소비자에게 선보이는 상용화 단계 훨씬 전부터 실험실에서 연구되는 과정을 거친다. 메타버스 역시 그런 단계를 거쳤고 거슬러 올라가면 1990년대 인터넷이 막 웹이라는 플랫폼으로 선보일 때부터 시작된다. 즉, 20년도 훌쩍 넘은 숙성의 시간을 거친 끝에 메타버스가 우리 앞에 온 것이다. 1995년경에 〈알파 월드(Alpha World)〉, 〈월드 챗(World Chat)〉, 〈더 팰리스(The Palace)〉라는 채팅 서비스가 있었는데, 이들 서비스 역시 아바타를 통해 가상 공간을 활보하며 대화를 나눌 수 있는 형태로 주목을 받았었다. 이들 채팅 서비스는 다양한 공간을 이동하면서 전 세계의 사람들과 만나 대화를 하는 초보적 수준의 메타버스의 경험을 제공했었다. 그런 시도들이 기술의 진화 덕분에 지금 메타버스가 제대로 완성도 높게 구현될 수 있게 된 것이다.

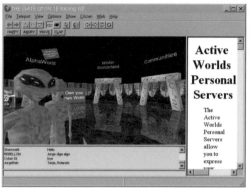

아바타로 전 세계인과 공간 속에서
움직이며 대화하는 〈더 팰리스(The Palace)〉

3D 아바타로 채팅을 할 수 있던
〈알파 월드(Alpha World)〉

〈세컨드 라이프〉와 구글 글래스

2003년에 출시된 린든 랩(Linden Lab)의 온라인 가상 현실인 〈세컨드 라이프(Second Life, SL)〉가 사실 메타버스의 초기 버전이라 볼 수 있다. 즉, 메타버스는 이미 약 20년 전 인터넷 서비스가 보급되면서부터 존재하던 개념이고 시도되어 오던 것이다. 〈세컨드 라이프〉는 게임도 아니고 카페나 블로그 등의 서비스도 아니었으며 웹 기반도 아니었다. 물론 VR 디바이스 같은 것은 염두에도 두지 않았다. 지금보다 훨씬 성능이 떨어지는 컴퓨터와 인터넷 속도로 메타버스가 구현되었던 것이다. 즉, 메타버스는 최첨단 기술이 받쳐 주기도 전에 상상이 아닌 실현되었던 것이다.

너무 일렀던 메타버스, 〈세컨드 라이프〉

〈세컨드 라이프〉는 그 당시 센세이션을 불러 일으켰다. 기존에 우리가 알던 다음카페나 싸이월드, 프리챌과 달리 가상의 공간을 이동하며 아바타로 한껏 치장한 사람들을 만나면서 대화하고 현실처럼 다양한 활동을 할 수 있도록 한 서비스이다 보니 당시에는 충격 그 자체였다. 이 서비스를 사용하려면 별도의 '세컨드 라이프 뷰어'라는 PC용 소프트웨어를 설치해서 사용해야 했다. 또한, 싸이월드의 도토리처럼 린든 달러라는 가상 화폐가 있어 서비스 내에서 디지털 오브젝트를 만들어 팔고 살 수 있는 거래까지 가능했다. 사실 개념적으로 이미 18년 전에 메타버스는 상용 서비스로 선보였던 것이다.

하지만 타이밍이 너무 일렀던 것일까? 이 서비스는 2010년을 정점으로 추락해 지금은 유명무실해졌다. 아무래도 가상의 공간을 이동하면서 다양한 경험을 하는 입체적인 서비스를 구현함에 있어 당시의 컴퓨터 성능과 네트워크 속도의 한계가 있었고, 지속적으로 서비스를 사용할 동인이 부족했고, 오히려 사회적 문제(협박, 외설, 사기 등)가 심해져 대중의 관심에서 멀어져 갔다.

다양한 공간을 탐험하며 새로운 사람을 만날 수 있는 신개념의 서비스

2014년에 출시된 구글 글래스(Google Glass)도 너무 일렀던 기술로 평가를 받는다. 구글 글래스는 안경처럼 귀에 걸쳐서 쓰는 방식의 AR 기기이다. 구글 글래스를 쓰고 음성으로 '오케이 구글(OK Google)'을 호출해 필요로 하는 정보를 확인하거나 눈앞에 보고 있는 장면을 사진이나 영상으로 촬영할 수 있다. 촬영한 사진을 검색해

구글 글래스로 볼 수 있고 메시지를 전송하는 것도 가능하다. 특히 지도를 호출해서 눈 앞에 보고 있는 장면에 목적지까지 가는 방향이 투영되어 표시되기 때문에 편리하게 길을 찾을 수 있다. 하지만, 구글 글래스는 안드로이드폰과 연동해서 동작되는 방식이고 가격이 비쌌으며 제한된 일부 서비스만 사용할 수 있어 대중화하는 데 실패했다. 특히 굳이 스마트폰으로 가능한 대부분의 기능을 조금 편리하게 사용할 수 있다는 수준으로는 이 비싼 장비를 불편함을 감수하면서까지 사용할 이유가 없었다.

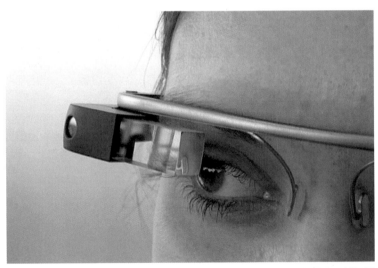

2012년 6월에 선보인 구글 글래스의 첫 버전

싸이월드도 메타버스인가?

전 세계적으로 한국의 인터넷 서비스가 연구 대상으로 선구자이던 때가 있다. 바로 싸이월드다. 싸이월드가 인터넷 서비스 업계에서 주목받았던 이유는 아바타, 미니룸, 사진첩 그리고 배경음악 마지막으로 도토리 때문이다. 기존에도 아바타나 공간의 개념을 가진 채팅 서비스나 인터넷 커뮤니티가 있었지만, 싸이월드는 나만의 공간과 내 아바타와 미니룸을 꾸미는 다양한 아이템들을 도토리라는 전자화폐를 통해서 구매를 할 수 있었다. 또한, 배경음악을 통해 싸이월드 홈페이지를 돌아다니면서 마치 휴대폰 컬러링처럼 개성을 뽐내고 음악을 청취할 수 있었다. 이것 또한 도토리로 구매하며 음악을 바꿀 수 있었다.

그렇다면 싸이월드도 메타버스의 일종일까? 메타버스에 대한 사전적 정의는 초월적 가상의 세계로 〈스노우 크래시(Snow Crash)〉라는 소설(닐 스티븐슨, 1992년)에서 첫 등장했다. 작품에서 묘사한 메타버스는 고글을 통해서 3차원의 디지털 영상을 통해 만들어진 세상으로 현실에서는 불가능한 것들이 구현된다고 정의했다. 공중에 여기저기 흩어져 떠

다니는 조명쇼, 3차원 시공간 법칙들이 무시되는 특수한 지역, 서로 총싸움을 하는 자유 전투 지구 등의 다양한 공간들이 존재하는 세계이다. 특히 그가 말한 중요한 개념은 이 세계의 운영 관련한 사항은 세계 멀티미디어 규약 단체 협의회의 승인을 받아야 한다는 것과 경제적, 사회적 활동이 현실 세계와 흡사한 형태를 띤다는 것이다. 즉, 메타버스 세계는 명확한 거버넌스(governance)가 있고 경제활동이 가능한 공간이라는 것이다.

이런 정의에 따르면 싸이월드는 어떨까? 비록 고글을 통해서 만나는 서비스는 아니지만 적어도 경제 활동과 명확한 운영 정책 그리고 다양한 공간이 존재하는 가상의 세계임이 명확하다. 〈세컨드 라이프〉 이전에 존재하던 싸이월드도 메타버스로 보는 것이 맞을까?

ASF(Acceleration Studies Foundation)라는 비영리 기술 연구 단체는 메타버스를 4가지의 범주로 분류한다. 이 4가지 범주를 모두 메타버스로 보는 것이다. 이 주장대로라면 구글 글래스(Google Glass)는 증강현실(Augmented Reality), 싸이월드는 라이프로깅(Lifelogging)에 속한다. 구글 맵(Google Maps)이나 구글 어스(Google Earth)는 거울 세계(Mirror World, Reality mirror)이고, 〈세컨드 라이프〉는 가상 세계(Virtual World)에 속한다. 그런데 이렇게 구분을 하다 보면, 포켓몬이나 이케아의 가구 앱도 AR, 페이스북과 애플워치는 라이프로깅, 카카오맵과 티맵은 〈거울 세계〉, 〈배틀로얄〉 게임을 포함한 리니지 등의 게임은 VR에 속한다고 볼 수 있다. 그렇다면 모든 서비스가 다 메타버스라 부를 수 있는 것이다.

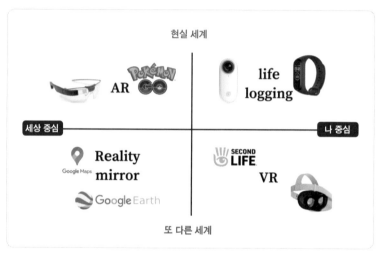

일반적인 메타버스의 4가지 정의와 형태

그래서 적어도 메타버스라면 이런 필수 요건을 갖춰야 하지 않을까 싶다.

❶ 세계관: 무한한 3차원 공간 속 상호 작용과 활동

❷ 자아관: 나를 투영한 아바타의 아이덴티티

❸ 환경관: 입체적인 형태를 가진 디지털 오브젝트

❹ 가치관: 가치 거래를 할 수 있는 경제 생태계

이런 기준에서 볼 때, ASF가 분류한 메타버스의 4가지 영역에서 AR과 VR 정도가 메타버스로 정의할 수 있다. 하지만 전문가에 따라 싸이월드는 메타버스로 정의하기도 한다. 결론적으로 필자가 제시한 앞의 네 가지 요건으로 볼 때 싸이월드는 ❶번의 요건을 갖추지 않았지만 적어도 세 가지 요건은 갖추었기에 광의적 의미에서 메타버스라 불릴 수 있을 것이다.

갑자기 떠버린 메타버스 그 이유는?

세상은 안경을 쓴 사람과 사용하지 않는 사람으로 나뉜다. 안경을 쓰는 이유는 시력이 떨어져 사물을 제대로 볼 수 없기 때문이다. 메타버스는 그렇게 새로운 세상을 제대로 보기 위해 헤드셋을 쓰고 만날 수 있다. 일명 VR, AR이라고 부르는 기기를 착용하면 기존과 전혀 다른 세상을 만날 수 있다. 이미 오래 전부터 구글 글래스와 카드보드, 삼성전자 기어VR, hTC의 VIVE, 소니 플레이스테이션 VR에 이르기까지 다양한 종류의 제품들이 출시되어 메타버스는 어제 오늘의 키워드가 아니었다. 그럼에도 2021년 들어 메타버스가 뜨거운 감자가 된 이유는 페이스북이 2014년 3월에 약 2조 3,000억에 인수한 오큘러스(Oculus)라는 VR 제조업체가 2020년에 출시한 오큘러스 퀘스트2 덕분이다.

　퀘스트2는 2019년 출시된 이전 버전인 퀘스트1과 비교해 성능과 편안함은 향상되었음에도 가격은 낮아져 약 30만 원대의 저렴한 비용이라 가성비가 뛰어나다. 게다가 페이스북이 오랜 기간 오큘러스 생태계를 마련하는 데 투자를 해서 쓸 만한 콘텐츠들이 크게 늘어나 메타버스가 주목을 받고 있다. 국내에서도 SKT가 유통하는 퀘스트2의 초도 물량과 2차 판매 물량이 금세 동이 날 정도로 관심이 뜨겁다. 실제로 기존의 VR 기기들과 비교했을 때 퀘스트2는 무선인데다 PC와의 연결 없이 독립적으로 운용 가능하며, 고질적 문제였던 어지러움이나 무거움, 발열이 상당 부분 해결되었다. 또한, 퀘스트2로 인기 게임이나 VR 영상을 시청하면 마우스를 처음 잡고, 스마트폰을 처음 쥐었을 때보다 더 큰 감동을 경험하는 이용자

가성비 높은 페이스북의 오큘러스 퀘스트2

들을 많이 만나게 된다. 물론 오랜 기간 사용할 경우 두통이나 매스꺼움, 피로함을 느끼는 경우들도 있다. 기존 제품과 상대적으로 비교할 때 그렇다는 것이고 처음 이 기기를 접해본 사람들 중 일부는 감각의 교란으로 인해 혼란을 느끼는 경우도 있다.

그렇다면 메타버스는 이렇게 새로운 기기를 착용해야만 사용할 수 있는 것일까? 또한 메타버스로 구현된 세상, 서비스는 기존의 웹이나 모바일 앱의 서비스와는 무엇이 다를까?

PC 중심의 웹과 스마트폰 기반의 모바일은 사용하는 하드웨어도 다르고 인터넷 연결 방식도 다르며, 시스템이 동작하는 방식도 다르다. 웹은 컴퓨터를 초고속 인터넷에 연결해서 사용하는 반면, 모바일은 스마트폰을 무선 인터넷인 와이파이(WiFi)나 4G LTE에 연결한다. 무엇보다 컴퓨터는 마우스와 키보드를 이용해 조작하는 반면, 스마트폰은 손가락 터치를 이용한다. 이처럼 메타버스는 AR, VR이라고 부르는 MR 기기를 고글처럼 쓰고서 사용하며, 현재는 주로 와이파이(WiFi)나 에어링크를 이용해 PC와 연동해서 사용하지만 향후에는 궁극적으로 5G와 같은 초고속 무선 인터넷을 이용하게 될 것이다. 특히, 조작 방식은 양손과 머리 움직임과 다양한 제스처 등을 조합한 입체적인 방식을 지원한다.

	1990	2000	2010	2020
플랫폼	PC통신	WWW	모바일	메타버스
디바이스				
네트워크	모뎀	초고속 인터넷	4G LTE	5G
패러다임	메인프레임 터미널	서버- 클라이언트	클라우드 (Cloud)	엣지 컴퓨팅
킬러앱	채팅(Chatting)	서치(Search)	SNS	소셜 파티
입력 인테페이스				

새로운 ICT 플랫폼 패러다임

사실 모바일과 웹이 다른 점은 고정된 장소가 아닌 움직이면서 어디든 휴대하며 인터넷 사용이 가능하다는 점과 비록 화면은 작지만 지문/얼굴 인식과 GPS, 마이크 등의 다양한 센서들 덕분에 보안과 인증, 위치 등의 정보 확인이 쉬워 웹에서는 하기 어렵던 서비스들의 구현이 가능하다는 점이다. 메타버스 역시 마찬가지다. 새로운 기기가 주는 입체적인 공간감과 몰입감 그리고 조작 방식 덕분에 기존의 기기들로는 하기 어렵던 서비스의 구현이 가능해진다.

게임도 더 실감 있고, 쇼핑도 실제 오프라인 쇼핑처럼 할 수 있으며, 영상을 보는 것도 진짜 영화관에서 보는 것처럼 웅장하고 큰 화면으로 체험이 가능하다. 물론 기존에 할 수 없었던 새로운 서비스의 구현도 가능해질 것이다. 컴퓨터가 없어도 벽에 커다란 디스플레이를 두고 검색이나 MS워드를 실행해 문서 작업을 할 수 있다. 아무것도 없는 한쪽 벽면에 선반을 두고 액자나 장식품을 둘 수도 있다. 이런 새로운 경험 덕분에 메타버스는 신기루가 아닌 신세계로 주목을 받고 있다.

MS 홀로렌즈(Hololens)로 구현한 가상 컴퓨터

VR, AR 뭐가 달라?

VR과 AR의 사용자 경험은 완전히 다르기 때문에 이 두 가지를 명확히 구분하고 인식해야 한다. 향후 5년 가량 지나면 이 두 가지는 하나로 통합된 사용자 경험을 제시할 것으로 전망되고 있다. 다만, 기기는 같아질 수 있지만 두 개의 서로 다른 세계가 하나로 합쳐져 구현되기에는 어려울 것으로 예상된다. 이 둘의 차이를 알기 위해 메타버스에 대해 조금 더 자세하게 이해할 필요가 있다.

메타버스 제대로 구분하고 분류하기

앞서 살펴본 메타버스의 필수 요건을 기초로 메타버스의 구성 요소를 구분하면 크게 네 가지를 꼽을 수 있다. 첫째, 메타버스에서 내 아이덴티티를 표현해 주는 아바타. 둘째, 아바타와 각종 오브젝트들이 위치하는 공간. 셋째, 그 공간을 아바타가 유영하며 다양한 제스처, 표정을 취하도록 해주는 행동. 넷째, 아바타가 공간에서 다양한 활동을 하는 것에 대한 보상이나 거래를 위한 경제 시스템이다.

실제 그 공간에 와 있는 것 같은 입체감을 주는 메타버스

사실 이 네 가지는 기존의 웹, 모바일에도 존재하던 요소들이다. 다만, 이전에 비해 그 깊이와 단계가 훨씬 깊어지고 진화되었다. 영문으로 된 텍스트 ID는 얼굴, 표정, 옷과 액세서리로 치장한 아바타로 도약되었고, 2D 화면으로 출력되는 글과 이미지, 영상으로 된 평면 공간은 깊이와 거리감이 생긴 입체적인 3D 공간으로 재탄생

했다. 더 나아가 기존 웹, 모바일과 비교해 메타버스를 이용하는 데 필요로 하는 하드웨어와 네트워크, 기반 기술들 그리고 킬러앱도 진화했다. 무엇보다 마우스, 손가락으로 사용하던 방식이 양손과 움직임 등으로 확대된 것도 달라진 점이다. 메타버스는 향후 엔터테인먼트와 게임을 포함해 기존의 인터넷 서비스와 다양한 산업 전반에 영향을 줄 것으로 예상된다.

특히 경제 시스템은 메타버스를 차별화하는 중요 요소이다. 사실 네이버, 카카오 등의 서비스를 이용하면서 이용자 간에 돈을 지불하고 거래를 하는 경우는 드물다. 돈을 지불하는 경우는 네이버 쇼핑을 이용하거나 카카오 기프티콘, 이모티콘 등을 구입할 때 정도이다. 반면에 메타버스의 기본 요소에 거래를 할 수 있는 경제적 개념이 포함되어 있어 이용자에게 유료 과금하는 것을 넘어 이용자 간에 메타버스 내에서 사용 가능한 디지털 오브젝트들을 거래할 수 있도록 해준다. 더 나아가 메타버스는 실제 오프라인처럼 다양한 활동이 가능하기 때문에 상담을 해주거나 대신 무언가를 해주고 비용을 지불하는 방식의 이용자 간 가치 거래가 활발해질 것으로 기대된다. 마치 대신 차량을 운전해 주거나 청소를 해주는 것처럼 메타버스에서는 디지털 용역도 활성화될 수 있을 것으로 전망된다.

로블록스 내에 로벅스라는 화폐로 구입하는 아이템

　　이미 제조업에서는 공장의 모든 설비와 프로세스를 고스란히 가상의 디지털로 옮겨 가상에서 조작하면 현실의 공장도 그렇게 제어되고, 가상에서 미리 시뮬레이션해서 결과를 예측한 후 실제 공장에 적용하는 디지털 트윈(Digital Twin)이라는 기술이 선보인지 오래다. 또한, 그 과정에서 공장 내에 AR 기기를 이용해 기계의 작동 상태를 빠르게 확인하고 시뮬레이션하며 즉각 작동하는 용도로 이용하기도 한다.

AR 기기를 이용한 공장의 기계 조작

또한, VR 기기를 이용해 가상의 공간 속에서 공장에서 생산 중인 제품을 진단하고 정확하게 확인한 후에 바로 공장 기계에 적용하는 작업에 응용하기도 한다.

VR을 활용한 공장의 기계 제어 관리

특히 일반 사용자를 대상으로 게임, 콘서트, 영상 등의 콘텐츠 분야에서 혁신적인 변화가 모색될 것이다. 흑백에서 컬러로 TV가 바뀌고, 화면의 크기가 커지고 선명해지면서 방송 콘텐츠도 변화의 기회를 얻은 것처럼 메타버스는 눈으로 보는 것에 있어서 큰 경험의 변화가 있기 때문에 콘텐츠 산업은 커다란 지각 변동을 겪게 될 것이다. 물론 메타버스가 게임이나 콘서트 등과 같이 즐기는 것만 서비스하는 것은 아니다. 이 공간에서 창의적이고 생산적 활동도 이루어질 수 있다. 〈스페이셜(Spatial)〉이라는 메타버스향 회의 서비스는 진짜 오프라인 현실 공간에서 사람들과 대화하고 회의하는 것처럼 도와준다. 사실 코로나19로 재택근무가 일상화되면서 줌(Zoom), 브리티 미팅(Brity Meeting)과 같은 온택트 커뮤니케이션이 늘

어났는데, 〈스페이셜〉을 이용하면 현장감이 더욱 커진 회의가 가능하다. 물론 교육도 메타버스를 이용하면 보다 안전하면서 실감 있게 운영할 수 있을 것이다.

메타버스 속 회의, 세미나

메타버스가 VR처럼 가상만 있는 것이 아니다. 현실에 디지털을 입혀 보다 증강된 현실 경험을 도와주는 AR도 메타버스의 한 경험이다. 벽면에 거대한 가상의 TV 화면을 배치할 수 있고 탁자 위, 주변 눈길이 닿는 곳곳에 추가적인 정보를 혼용해서 봄으로써 보다 입체적인 경험을 할 수 있다.

TV를 보는 즐거움이 한층 높아지는 AR

백문이 불여일견, 메타버스 만나러 떠나자

사실 메타버스를 이해하는 가장 좋은 방법은 직접 써보고 느껴 보는 것이다. 글로만 읽지 말고 직접 체험해 보면 메타버스를 제대로 이해할 수 있다. 현존하는 메타버스 관련 기기 중 가장 쓸 만하고

가성비 좋은 제품으로 평가 받는 것은 오큘러스 퀘스트 2다. 이 제품을 이용해 게임 이나 유튜브 VR 등의 오큘러스용 앱들을 몇 개 사용해 보면 메타버스를 제대로 이해할 수 있다.

퀘스트2의 최고 인기 게임 앱, 〈비트 세이버(Beat Saber)〉

디바이스를 구매할 여건이 아니라면, 〈제페토〉나 〈이프랜드 (ifland)〉와 같은 스마트폰 앱을 이용해 메타버스를 경험할 수도 있다. 하지만, 제대로 된 경험은 최적의 기기가 갖춰졌을 때 완성된다. PC와 스마트폰이 다르듯 VR, AR 기기도 다르다. VR을 쓰면 다른

세상을 만나볼 수 있다. 물리적 현실은 차폐되고 전혀 새로운 세상을 만나 보게 된다. 그 공간에는 다양한 앱들이 다채로운 서비스를 제공해 색다른 경험을 할 수 있도록 도와준다.

오큘러스 스토어에서 제공되는 다양한 앱

TV에서 스포츠 경기나 넷플릭스에서 농구 경기를 보는 것과 영화관에 가서 영화를 보는 것은 전혀 다른 경험을 제공하는 것처럼 메타버스에서 영상을 보는 것은 또 다르다. VR 기기를 쓰고 〈빅스크린(BigScreen)〉이라는 앱으로 영상을 보면, 영화관에 모여 함께 영상을 보는 유대감 + 집에서 커다란 대형 TV를 보는 편안함 + 넷플릭스로 어떤 콘텐츠든 바로 골라볼 수 있는 편리함, 이 3가지의 경험을 모두 느낄 수 있다. 즉, 오큘러스에서 〈빅스크린〉을 이용해 거대한 영화관을 재현시킬 수 있고, 영화관보다 더 큰 스크린에서 영화를 볼 수 있다. 넷플릭스나 PC에 저장한 동영상 파일을 재생할 수 있으며 친구들을 초대해서 함께 수다를 떨면서 영화를 보는 것도 가능하다. 화면 크기가 PC나 TV로는 구현할 수 없을 만큼 크기 때문에 실제 영화관에 온 것 같은 착각에 빠진다.

〈빅스크린〉을 통해 친구들과 VR 상에서 영화를 보는 화면

〈빅스크린〉 앱으로 보는 새로운 동영상 시청 경험

물론 AR 기기는 또 다른 경험을 제공해 준다. AR 안경을 끼면 현실을 그대로 볼 수 있고, 적재적소에 필요한 정보와 서비스도 제공된다. 한마디로 컴퓨터와 스마트폰, 태블릿 없이도 언제든 이런 기기를 불러올 수 있다. 가상의 디스플레이와 소리, 가구, 서비스를

어디서든 불러들여 필요한 공간에 배치시킬 수 있다. 그런 세상이 메타버스이다. MS의 홀로렌즈는 외부 사물을 인식하고 다양한 디지털 오브젝트를 실제 공간에 매칭을 해서 배치할 수 있어 색다른 경험을 할 수 있도록 해준다. 앞으로 컴퓨터나 태블릿 등의 컴퓨팅 장치와 사물인터넷 기기와 연동될 경우, 해당 디지털 기기들을 홀로렌즈를 통해 제어하고 홀로렌즈로 만든 디지털 오브젝트와 상호작용할 수도 있을 것이다. 사용 중인 컴퓨터 모니터 옆에 세컨드 모니터를 둘 수 있고, 실제 PC 모니터를 손가락으로 터치해서 조작하는 것도 가능해질 것이다.

홀로렌즈로 PC 옆에 있는 가상의 스피커를 조작하는 모습

사무실 어디든 배치 가능한 컴퓨터 화면

메타버스에서 스카이프(Skype)를 실행해 기술 상담을 받는 모습

이렇게 MR 기기 기반으로 구현된 플랫폼 그 자체가 메타버스이며, 앞서 살펴본 게임 앱이나 메타버스 서비스보다 훨씬 더 포괄적이고 강력한 방식으로 운용될 수 있다는 특징을 가진다.

〈제페토〉, 〈점프 VR〉로 메타버스 체험하기

VR, AR 기기를 구입해서 메타버스를 체험하기 어렵다면 메타버스를 지향하는 모바일 앱을 이용해 보는 것도 좋다. 〈제페토〉, 〈이프랜드(ifland)〉 등의 소셜 서비스는 공간, 아바타, 창작(디지털 오브젝트 저작), 거래(경제 시스템), 활동(공간을 이동하며 다양한 제스처, 표정 등) 등의 메타버스의 기본 요소를 제공하고 있어 기초적인 메타버스 경험을 누릴 수 있다. 물론 VR 등의 새로운 기기에 최적화되지 않고 기존의 컴퓨터나 스마트폰에서 사용하는 수준에 그치고 있지만 색다른 경험을 느끼기에는 충분하다.

<제페토>에서 춤추는 모습

실제 <포트나이트>나 <제페토> 등에서는 온라인 콘서트를 하고, <점프 VR>에서는 졸업식, 강연을 하기도 한다. 유튜브나 줌과 달리 공간을 이리저리 이동하고 다양한 제스처를 취하면서 입체적인 경험을 할 수 있어 몰입감이 훌륭하다. 이런 서비스들이 VR, AR 기기에 최적화되어 동작되면 보다 완성된 경험을 제공할 수 있을 것이다.

SKT의 <이프랜드(ifland)>에서 미팅하는 모습

Chapter 2

메타버스
수혜주는
무엇일까?

약 20년 전부터 준비해 온 기업들이 메타버스의 수혜주일까? 아니
면 빅테크 기업들 역시 메타버스에 공격적으로 투자하며 수혜주가
될 것인가? 혹은 발빠르게 신사업 기회를 포착해 날카롭게 사업을
만들어가는 메타버스 스타트업이 그 수혜주가 될 것인가?

메타버스를 둘러싼 한판 승부

메타버스 시장은 크게 하드웨어와 소프트웨어 통합 플랫폼을 가진 기업과 서비스를 기반으로 킬러앱을 확보한 서비스 업체 그리고 저작툴이나 최적화된 백엔드 인프라를 제공하는 시스템 회사로 구분할 수 있다. 이미 통합 플랫폼은 빅테크 기업으로 MS와 페이스북이 시장을 장악해 가고 있으며, 애플과 구글의 향후 행보가 주목해 볼 만하다. 킬러앱 부분으로는 이미 페이스북과 인스타그램 등의 서비스 경쟁력을 갖춘 페이스북의 메타버스에 최적화된 소셜 서비스인 〈호라이즌(Horizon)〉과 MS가 인수한 〈알트스페이스 VR(AltspaceVR)〉 그리고 게임사와 스타트업들의 다양한 종류의 서비스들이 본격적인 경쟁을 하고 있다. 마지막으로 이 같은 메타버스 시스템을 개발하는 데 필요로 하는 칩셋, 클라우드 기술 그리고 각종 저작툴들이 백엔드 인프라에 속하며 에픽게임즈의 언리얼 엔진이나 유니티(Unity)의 솔루션, 엔비디아 옴니버스(NVIDIA Omniverse), MS 메시(Mesh) 등이 주목받고 있다.

메타버스를 둘러싼 경쟁 구도와 구분

이렇게 다양한 기업이 메타버스 시장에서 경주 중인데 과연 어떤 기업이 선두에 서게 될까?

승자 독식의 메타버스 시장

무엇보다 플랫폼이나 킬러앱은 승자 독식이라는 것이 ICT 산업의 불문율이다. 검색은 네이버와 구글, 메신저는 카카오톡, SNS는 페이스북, 사진 공유는 인스타그램, 배달은 배달의민족인 것처럼 절대 강자가 시장 독점을 하는 것이 일반적이다. 그런 만큼 메타버스 플랫폼은 한 기업이 시장을 지배하게 될 것이며, 애플과 구글이 출격 전이지만 B2C 시장은 페이스북, B2B 시장은 MS가 독주할 가능성이 높다.

반면 킬러앱의 경우에는 아직 시장 초기라 어떤 기업이 주도해 나갈지 아직 전망하기가 어렵다. 게임사들이 전통적인 게임 이용자 기반으로 메타버스로의 서비스 확장이 유리한 고지에 있지만, 이미 기존 SNS에 막강한 경쟁력을 갖춘 페이스북이 자사 메타버스 플랫폼에 최적화된 킬러앱을 기반으로 공략에 나서면 어떻게 지형 변화가 생길 수 있을지 알 수 없다. 또한 웹에서 세이클럽, 다모임, 프리챌, 싸이월드 그리고 모바일에서의 스노우, 틱톡, 클럽하우스처럼 메타버스에서도 하나의 킬러앱이 아닌 여러 개의 킬러앱이 시차를 두고 지속적으로 경쟁하며 다양화할 수 있어 더욱 이 시장은 엎치락뒤치락 끝없는 경쟁이 펼쳐질 것이다.

무엇보다 메타버스 시장이 무르익으며 성장할 때 가장 알찬 비즈니스 기회를 가져갈 기업은 이 같은 플랫폼이 운영되고, 킬러앱을 개발할 수 있는 인프라를 지닌 기업들이다. 또한 메타버스 속 아바타의 옷과 액세서리, 주변 공간의 배경과 사물들(오브젝트)을 보다 정교하게 만들 수 있는 3D 저작툴을 제공하는 기업들이다. 대표적으로 엔비디아(NVIDIA)와 MS, 유니티(Unity), 그리고 에픽게임즈 등이다. 이들은 메타버스가 흥할수록 그 저변이 되는 후방의 기술들을 제공하면서 사업 기회를 가져갈 것이다.

메타버스의 카카오톡은?

그렇다면 메타버스에서는 어떤 킬러앱이 있을 수 있을까? 한마디로 메타버스의 카카오톡, 페이스북은 무얼까? 우선 메타버스는 크게 VR과 AR 두 가지를 구분해서 볼 수 있는데, 향후 일반 대중 대상의 서비스 플랫폼으로서는 AR보다 VR의 영향력과 시장성이 더 높을 것으로 기대된다. AR은 주로 B2B 기업용 솔루션으로 사용되거나 스마트폰 등을 이용한 특정 목적의 제한된 용도로 사용될 것으로 예상된다. 그래서 여기서는 VR 기반의 메타버스에 대한 킬러앱 위주로 전망해 본다.

모바일 앱에서도 여러 종류의 킬러앱(대중적으로 많이 사용하는 서비스 앱)이 있지만 대표적으로 3~4개 분야가 있는 것처럼 메타버스도 유사할 것이다. 게임, 영상, 쇼핑 등 기존에 사용해 오던 카테고리의 서비스들이 당연히 메타버스에도 선보일 것이다.

이미 오큘러스(Oculus) 앱스토어에 등록된 수많은 킬러앱 후보들

이렇게 기존 웹, 모바일의 업그레이드로 보여지는 킬러앱 이외에 메타버스만의 새로운 경험을 제공하는 킬러앱들도 나타날 것이다. 가장 주목되는 것은 소셜 파티 서비스이다. 기존 SNS와 달리 나의 온라인 부캐를 얼굴, 표정, 옷, 액세서리 등을 바꿔 아바타로 표현해 다양한 배경의 공간을 유영하며 사람들을 만나고 색다른 경험(함께 대화하고, 영화보고, 게임하고, 물건을 사고팔며, 토론하는 체험)을 할 수

있도록 해준다. 이 공간에서 직접 디지털 사물(오브젝트)을 만들어 판매할 수도 있고 함께 모여 디지털 배경과 아바타를 촬영해 추억을 사진으로 남길 수도 있다.

소셜 파티의 대명사, 〈렉 룸(Rec Room)〉

또한, 컴퓨터를 켜면 나타나는 바탕 화면처럼 VR 디바이스를 쓰면 가장 먼저 만나게 되는 것이 가상 환경이다. 이 가상 환경은 바탕 화면보다 훨씬 입체적이며 360도 위 아래 그리고 공간을 움직이는 보다 확장된 영역이다. 그런 만큼 윈도 배경 화면보다 사용자에게 주는 임팩트가 크다. 이 가상 화면 자체도 중요한 킬러앱이 될 수 있다. 가상 환경에 체류하면서 음악을 듣거나 주변 공간에 배치해 둔 가구나 액자 등의 사물을 추가하고 들여다보는 것만으로도 힐링이 되기 때문에 이 환경이 또 하나의 킬러앱일 수 있다.

오큘러스 퀘스트에서 제공하는 가상 환경

오큘러스 퀘스트의 비공식 앱스토어인 사이드 퀘스트(Side quest)에는 공식 앱스토어에서 볼 수 없는 기상천외한 다양한 앱들을 만나볼 수 있다. 이곳에 가면 향후 메타버스향 킬러앱으로서 유망한 것이 무엇일지 예상해볼 수 있을 것이다.

사이드 퀘스트 홈페이지(https://sidequestvr.com)

메타버스와 함께
주목하게 될 서비스들

메타버스가 시장 진입기를 넘어 성장기에 접어들기 시작할 조짐은 VR, AR 등의 기기 판매 대수가 글로벌로 1억 대 이상 보급되는 시점이다. 국내는 적어도 500만 대 이상 판매되기 시작한 즈음이면 본격적 성장세에 접어들었다고 판단할 수 있다. 아마도 그 시기는 2023년 즈음일 것이다. 그렇게 되면 어떤 서비스에 주목해야 할까? 크게 세 가지 영역의 서비스들을 눈여겨봐야 한다.

첫째, 〈포트나이트〉나 〈로블록스〉, 〈마인크래프트〉와 같은 게임

〈포트나이트〉는 배틀로얄 게임이지만, 파티로얄이라는 3D 공간을 통해 사람들을 만나 채팅하고 함께 공연을 보거나 음악을 들을 수 있다. 실제로 〈포트나이트〉에서는 유명 가수를 초대해 중력을 벗어난 공간 속에서 유영하며 춤추고 함께 소통하는 새로운 개념의 콘서트를 개최하기도 했다.

〈포트나이트〉에서 구현된 콘서트 장면

또한, 〈로블록스〉나 〈마인크래프트〉는 사용자들이 직접 프로그래밍을 해서 게임을 제작하거나 게임 내에서 필요로 하는 도구나 환경을 개발할 수 있는 커뮤니티 서비스이다. 기존 게임과 달리 가상의 공간 속에서 무엇인가 만들고, 거래하며 게이머들과 소통하면서 제2의 삶을 사는 것이나 진배없다. 게임으로 시작되었지만 게임외의 활동을 하면서 오랜 시간 머물며 사람과 만나고 창작 활동을하는 서비스 플랫폼으로 확대되고 있다. 바로 그 지점에서 이들 게임을 메타버스로 불릴 만하다. 실제 로블록스 CEO는 〈로블록스〉를 메타버스라 지칭하며 회사의 비전을 제시하고 있다. 즉, 바스주키

CEO는 "메타버스라는 아이디어를 오래도록 생각해 왔다. 우리의 꿈은 메타버스를 현실과 비슷해 보이는 정도를 넘어 현실 그 자체로 느끼도록 발전시키는 것이다"라고 밝히고 있다. 메타버스의 대표 주자가 된 로블록스는 지난 3월 뉴욕증권거래소(NYSE)에 상장하면서 기업 가치를 42조 원으로 평가받았다. 2020년 2월 시리즈 G 투자를 받으며 평가받은 기업 가치가 약 4조 원 정도인 것을 비교할 때 1년만에 10배나 뛴 것이다.

〈마인크래프트〉로 만들어진 건물과 세상

둘째, 메타버스에 최적화된 소셜 파티 서비스

네이버의 자회사 스노우에서 개발한 〈제페토(ZEPETO)〉, SKT

의 〈이프랜드(ifland)〉, 페이스북에서 개발 중인 〈호라이즌(Horizon)〉, MS의 〈알트스페이스VR(AltspaceVR)〉 그리고 〈스페이셜(Spatial)〉 등이 그것이다. 이들 서비스는 VR이나 AR 등의 기기를 통해 접속 가능한 것도 있고, 웹이나 앱을 통해서 사용할 수 있는 것도 있으며, 모든 플랫폼을 지원하는 것도 있다. 중요한 것은 이들 서비스가 제공하는 사용자 경험이 공간을 유영하면서 공간 속의 오브젝트들과 상호 작용하며 다양한 활동을 할 수 있다는 점이다. 물론 VR 등의 기기를 이용하면 그 경험을 훨씬 풍요롭게 만들 수 있다.

MS가 인수한 〈알트스페이스VR(AltspaceVR)〉

이 서비스들의 공통적인 특징은 아바타를 통해 여러 공간을 이동하면서 사람들과 만나고 함께 사진이나 문서 등을 보면서 대화를 나누는 것이다. 또, 공간에 오브젝트를 배치하고 이동시킬 수 있다.

일부 서비스는 직접 오브젝트를 만들 수도 있으며 향후에는 함께 영화를 보거나 음악을 들으며 현실과 같은 활동들을 다채롭게 즐길 수 있을 것이다.

〈스페이셜(Spatial)〉에서 회의하는 모습

셋째, 메타버스 플랫폼에서 제공되는 공간

앞서 살펴본 두 가지의 서비스들이 마치 페이스북이나 카카오톡처럼 PC 웹이나 스마트폰에 설치해 사용하는 방식이라면, 세 번째 방식은 VR이나 AR 기기에서 제공되는 공간이다. 마치 컴퓨터를 켜면 나타나는 바탕 화면과 마우스와 키보드로 조작되는 윈도처럼 MR 기기를 켜면 만날 수 있는 플랫폼을 말한다. 오큘러스 퀘스트2를 쓰고 전원을 켜면 윈도 바탕 화면처럼 3차원 입체 공간 속 바탕 화면을 만나게 된다. 컴퓨터 바탕 화면을 바꾸듯 가상 공간을 바꿀 수 있고, 스마트폰에 앱을 설치하듯 스토어에서 소프트웨어를 설치해 게임하거나 3D 영상을 시청할 수 있다. 물론 〈스페이셜〉이나 호라이즌과 같은 두 번째 소개한 서비스들을 설치해 이용하는 것도 가능하다.

오큘러스 퀘스트에서 제공되는 가상 공간

MS의 AR 기기를 쓰고 전원을 켜면 지금 내가 있는 현실 공간에 디지털 오브젝트들을 배치할 수 있다. 마치 윈도 시작 메뉴를 호출하듯이 내 왼쪽 손목을 오른쪽 손가락으로 누르면 시작 메뉴가 나타난다. 웹 브라우저를 열어 벽면에 위치시킬 수 있고, 사진앱을 실행해 책상 위에 사진을 올려 둘 수도 있다. 주방에 스카이프(Skype) 통화앱을 두고, 거실에는 넷플릭스 영화앱을 위치시켜 두며, 안방에는 가족앨범을 침대 머리맡에 둘 수 있다. 홀로렌즈를 끄고 나중에 다시 켜더라도 집안 곳곳에 비치해 둔 디지털 오브젝트들은 사라지지 않고 그 위치에 그대로 존재하게 된다. VR과 달리 AR은 현실 공간에 디지털을 고정시켜둠으로써 아날로그와 디지털이 하나가 된 새로운 경험을 가능하게 해준다.

MS 홀로렌즈로 보이는 증강현실 공간

메타버스가 가져올
산업 변화 전망

웹과 모바일이 다양한 산업 분야에 영향을 끼친 것처럼 메타버스 역시 다양한 산업 영역에서 변화를 만들어낼 것이다. 그 중에서 특히 게임이나 공연, 콘서트와 같은 엔터테인먼트와 교육 그리고 업무 생산성을 높여주는 회의 운영이나 협업, 더 나아가 자료 작성과 상품 개발 등에 기존 컴퓨터나 스마트폰으로 접하던 것보다 더 나은 사용자 경험을 제공할 것이다. 예술 작품이나 건물 등의 디지털 오브젝트를 만들어 거래하는 새로운 시장도 형성되어 갈 것이다.

메타버스로 어떻게 돈을 벌 수 있을까?

그렇다면 구체적으로 메타버스의 비즈니스 모델은 뭘까? 현재로서는 메타버스를 개발하는 데 필요로 하는 칩셋, 엔진 등의 백엔드 인프라를 제공하는 기업은 확실히 돈을 벌고 있다. 하지만 메타버스 플랫폼과 킬러앱을 만드는 기업들은 상당한 투자를 하며 대중화하는 데 앞장서고 있지만 당장 돈은 벌지 못하고 있다. 물론 오큘러스의 경우, 앱스토어를 통해 판매되는 소프트웨어 중계 수수료가 수익이지만 그 규모가 투자 비용을 상쇄할 수준은 아니다. 마치 스마트폰의 앱스토어가 초기에 돈이 되지 않았지만 결국 사용자가 많아지면서 큰 수익 모델이 된 것처럼 메타버스 플랫폼 기업들은 그런 성공 공식을 좇아 대중화를 위한 선투자를 하고 있다.

또한, 메타버스 서비스들은 스마트폰의 대박 앱처럼 사용자에게 앱 판매를 통한 콘텐츠 수익을 최우선으로 하고 있다. 무료로 제공되는 앱들은 차후 서비스 내 유료 아이템의 판매나 마케팅, 광고 등을 수익으로 고려하고 있고, 유료 판매 앱들은 콘텐츠 판매 수입을 목표로 한다.

국내 미라지소프트가 개발한 리얼 VR 피싱 게임

킬러앱의 비즈니스 모델이 그래왔듯이 우선 대중의 선택과 관심만 받으면 수익 모델을 만드는 것은 어렵지 않다. 킬러앱이 되기가 어려운 것일 뿐이다. 앱 내의 아이템 판매나 그런 아이템을 사용자가 개발해서 거래할 수 있도록 하고 중계 수수료, 타기업의 상품 마케팅에 이르기까지 오프라인에도 존재해 왔고, 웹과 모바일에서도 선보였던 비즈니스가 고스란히 메타버스에도 적용될 수 있다. 오히려 그 적용 범위와 영역이 확장될 수 있다. 최근 메타버스 킬러앱들은 오프라인 기업(명품 브랜드, 전자기기 제조사, 자동차 회사, 식품 회사 등)과의 제휴를 통해 오프라인 상품을 디지털화 한 후, 가상 공간에 상품화해서 팔거나, 오프라인 상품의 광고 마케팅을 통해 수익을 창출하고 있기도 하다.

〈제페토〉에서 사고파는 다양한 아이템

오큘러스 퀘스트에서 제공하는
앱스토어

　　스마트폰의 앱스토어처럼 오큘러스 퀘스트에도 스토어가 있어

다양한 종류의 앱들이 거래되고 있다. 모바일이 처음에 게임 중심

으로 시작해 다양한 종류의 서비스들이 제공되면서 교통, 커머스,

배달, 통화, 부동산 등의 시장에 변화를 만들어낸 것처럼 메타버스

역시 초기에는 게임과 영상 및 소셜 서비스를 토대로 새로운 경험을 제공하다가 업무와 창작, 교육 그리고 커머스 등의 다양한 산업으로 혁신이 확대되어갈 것이다.

특히 원격진료나 업무 협업, 업무 처리에 AR과 같은 기술이 적용되면 의료, 제조 영역에서도 생산성 향상에 큰 도움이 될 것이다. 건설이나 부동산, 인테리어 분야도 이 같은 AR 기기의 활용도가 높아질 것이다.

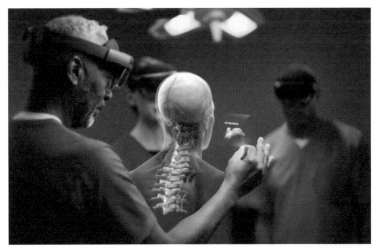

AR 기반의 의료 혁신

메타버스향 마케팅의 기회

그렇다면 메타버스 시장에서 기업의 브랜딩과 마케팅의 기회는 어떻게 펼쳐질까?

메타버스는 현실보다 더 진짜 같은 현실을 보여주기도 한다. 건물과 도로, 산과 바다를 그대로 옮겨올 수 있다. 옮겨온 실사는 디지털로 구현되었기에 수정하거나 새로운 것을 추가할 수 있다. 빌딩의 디지털 사이니지(Digital Signage) 광고를 실제 현실과 다른 것으로 변경할 수 있고, 강이나 바다에 거대한 광고판을 운영할 수도 있다. 사람들이 자주 많이 실행하는 다음에 배너 광고를 게재하는 것처럼 메타버스 서비스 내에 배너보다 더 실감나고 입체적인 광고를 구현할 수 있다.

오큘러스 등산 앱인 〈The Climb 2〉에 보이는 건물

또한 AR로는 현실에 디지털을 투영해 정보를 입혀서 보여줄 수 있는데, 이런 정보가 광고로 둔갑하는 것도 가능하다. 네이버 검색 결과물에 정보를 빙자한 광고가 붙는 것처럼 AR에서 보여지는 메시지들도 정보로 가장된 광고일 수 있다. 맛집 정보를 군이 찾지 않아도 음식점을 쳐다보면 그 가게의 메뉴와 맛집 평점 정보를 보여줄 수 있다. 광고비를 지불한 가게라면 더 눈에 띄는 메시지와 화려한 캐릭터가 등장해 설명해 줄 것이다.

현실에 투영되어 나타나는 다양한 디지털 오브젝트들

마트 내에 진열된 상품에 대한 정보 역시 광고비를 지불한 기업의 제품일 경우 할인 쿠폰 정보와 함께 더 눈에 띄게 보여줄 수 있다.

마트 내 진열대 구획별로 상품에 표시된 문자 정보

　　카카오톡 이모티콘 중 기업 브랜드 광고로 제공되는 것이 있는 것처럼 메타버스의 가상 환경 역시 기업을 PR하는 용도로 활용이 가능할 것이다. 삼성전자의 가전기기로 도배된 가상 공간을 구현할 수 있고, 가상 환경 속 공간에 기업의 브랜드를 알리는 장식품이나 건물을 배치할 수도 있을 것이다.

〈동물의 숲〉 게임에 등장한 LG 올레드 TV 섬

VR로 보이는 공간에서 현실에 존재하는 소파 등의 가구를 인식할 수 있는 기능이 제공되는데, 소파의 크기와 형태를 인식해 가상 공간 속으로 옮겨올 수 있다. 디지털로 재현된 가구는 색깔이나 디자인을 변경할 수도 있을 것이다. 이것을 오프라인 상품으로 변경함으로써 가구 회사의 마케팅에 응용할 수 있을 것이다.

실제 소파 가구를 VR에서 인식해 배치

또한, 메타버스 서비스 내에 다양한 오브젝트들을 기업의 상품으로 제공한다면 자연스러운 PPL 광고도 가능할 것이다. 스타벅스 머그컵이나 코카콜라 캔, 피자헛의 피자 등으로 오브젝트를 만들어 가상 공간에 자주 노출시킴으로써 자연스럽게 상품과 브랜드에 대한 대중의 각인을 만들어낼 수 있을 것이다.

〈스페이셜(Spatial)〉에서 사용 가능한 다양한 디지털 오브젝트

웹의 배너 광고와 검색 광고, 유튜브를 이용한 PPL과 범퍼 광고, 오버레이 광고 그리고 모바일의 카카오톡 푸시 광고처럼 사람이 몰리는 곳에는 마케팅의 기회가 있다. 달라지는 것은 마케팅의 방식과 형태이다. 메타버스는 웹, 모바일에 이어 새로운 ICT 플랫폼으로 기존의 2D 화면이 아닌 입체적 공간 속에서 서비스가 운영된다. 그만큼 몰입도가 높고 더 오랜 시간 체류하게 만드는 중독성이 있다. 그렇지만 마케팅의 구현도 기존과는 완전 다른 형태가 될 것이다. 이를 이해하는 가장 좋은 방법은 메타버스 세상에 뛰어드는 것이다. 먼저 체험을 하고 경험을 해보면 어떻게 활용할 수 있을지 보다 현실적으로 이해하고 감을 잡을 수 있을 것이다.

메타버스 광고는 단순 배너, 검색, 푸시 메시지 등을 통해 전달 되는 방식과 달리 기업의 브랜드와 상품을 직접 체험하는 형태로 진화될 것이다. 아바타로 기업의 전시 공간에 입장해 상담 AI와 대화를 나누고, 제품을 사용해 보면서, 해당 기업의 비전과 브랜드 가치를 인식하는 형태의 마케팅이다. 한 예로, 블랑코스 게임에서 제공하는 명품 브랜드 버버리의 제트팩은 아바타의 몸에 장착해 하늘을 날게 해주는 기능이 있는데, 제트팩 하단에 버버리 로고가 나타나 브랜드를 노출하는 각인 효과를 제공한다.

버버리가 〈블랑코스(blankos)〉 게임 내에서 판매하는 제트팩

궁극의 인터넷이 될
차원이 다른 제3세상

메타버스를 차원이 다른 세상이라고 보는 이유는 두 가지이다. 첫째, 기존 PC나 스마트폰이 보여주지 못한 입체감과 전혀 다른 경험을 제공한다는 것과 둘째, 오프라인 현실과 통합된 디지털의 경험을 제시하고 있다는 것이다. 이 두 가지로 인해 기존 인터넷 서비스 그리고 오프라인 현실보다 더 나은 색다른 경험을 제시한다는 것이 메타버스에 우리가 주목해야 할 이유다. 그래서 제1의 세상은 오프라인, 제2의 세상은 온라인이라면, 제3의 신세계는 메타버스로 온오프라인이 융합된 세상이다.

웹보다, 모바일보다 더 큰 메타버스 플랫폼

메타버스에 대한 기대가 큰 것은 웹이나 모바일보다 더 큰 시장의 변화를 만들어낼 수 있을 것으로 기대하기 때문이다. 웹보다 모바일이 더 큰 플랫폼임은 이미 증명되었다. PC의 보급 대수보다 스마트폰의 보급이 더 많고, 사용 시간조차 모바일이 웹보다 더 길기 때문에 당연히 모바일 생태계에서 발생되는 비즈니스의 규모도 더 크다. 실제 온라인 커머스에서의 매출 비중은 웹보다 모바일이 크고, 광고 시장도 모바일이 더 크다. 또한, 핀테크나 프롭테크 등의 금융과 부동산 관련 산업의 혁신도 웹보다는 모바일로 인해 더 큰 시장으로 변화의 기회가 생겼다. 교통 시장의 혁신을 이끈 우버나 숙박 산업을 혁신한 에어비앤비 역시 모두 모바일로 인해 촉발된 것이다. 그처럼 메타버스는 더 큰 시장, 산업의 변화를 이끌어낼 것으로 기대된다.

온라인과 오프라인의 하모니

메타버스를 기존의 인터넷과 같은 선상에서 해석할 수 없는 이유는 인터넷으로 구현된 온라인과 그 이전의 세상인 오프라인을 뛰어 넘는 혼합된 세상이기 때문이다. 사실 기존 PC나 스마트폰으로 보던 온라인 세상은 잠깐 디스플레이 화면에서 고개를 돌리면 오프라인 세상으로 빠져나올 수 있다. 반면 메타버스는 고개를 돌려도 늘 따라다녀 몰입감이 기존 PC나 스마트폰과 비교할 수가 없다. 특히 메타버스는 오프라인의 현장감과 온라인의 시공간을 넘어선 자유로움을 제공하는 온오프라인의 장점만을 취합한 새로운 세상이다.

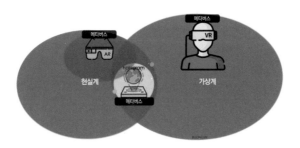

기존의 온라인과 오프라인을 융합한 경험을 제공하는 메타버스

사실 기존 인터넷은 사용할수록 오프라인과는 단절된다. 방에 있는 컴퓨터 속으로 빠져 들면 집안에서 가족들과 담을 쌓고, 카페

에서 스마트폰을 바라보면 앞에 앉은 친구와 멀어진다. 온라인 세상에서 콘텐츠와 사람을 만나지만 정작 눈 앞에, 곁에 있는 오프라인 속 사람, 사물을 보지 못하게 된다. 메타버스는 그런 온라인의 단점을 메꿔준다. 메타버스에서는 오프라인처럼 공간을 느끼면서 이동하고 다양한 액션을 취할 수 있다. 현실처럼 활동이 가능하지만, 온라인의 강점인 시공간의 제한에서 자유롭기 때문에 순식간에 전세계인을 만나고 다양한 공간을 유영할 수 있다. 검지 손가락으로 인터넷을 사용하는 경험과는 비교도 안될 만큼 온 몸을 인터넷에 풍덩 내던진 느낌으로 제3의 세계를 만나게 된다.

메타버스에 대한 정의를 전문가마다 다양하게 내리는데, 내가 바라보는 메타버스는 새로운 기기 즉, VR이나 AR 등의 하드웨어를 이용해서 제대로 만나는 세상으로 정의한다. 기존의 웹이나 앱에서 체험하는 메타버스는 진정한 제3세계가 아니다. 기존과는 다른 인터페이스로 새로운 경험을 할 수 있는 것이 진정한 메타버스이다. 모바일이 스마트폰으로 경험하듯 메타버스는 VR이나 AR 등의 MR 기기를 통해 연결할 때 완성된 체험을 할 수 있다. 즉, 이미 〈로블록스〉와 〈포트나이트〉 그리고 〈제페토〉, 〈점프 VR〉 등이 메타버스를 표방하며 서비스를 하고 있지만 이는 반쪽짜리 메타버스일 뿐이다. 오히려 2000년대 초반의 〈세컨드 라이프〉가 이보다 더 나은 메타버스 서비스라고 불릴 수 있다. 메타버스는 현장 같은 공간감과 단순히 텍스트로 된 ID가 아닌 온전한 나를 실체로 표현할 수 있는 아바타, 그리고 이 아바타에 생명력을 불어넣는 액션이 가능해야 한다. 마지막으로 사용자 간 자유 가치 거래가 가능한 경제적인 거래 시스템을 포함해야 한다. 그러므로 PC나 스마트폰에서 사용하는 것보다는 입체적인 경험을 할 수 있는 MR 기기를 이용하는 것이 완결된 체험을 가능하게 해주는 것이다. 백문이 불여일견이라고 먼저 반쪽짜리라도 〈로블록스〉나 〈제페토〉를 사용해 보면 기존의 페이스북, 인스타그램, 틱톡과는 다른 색다름을 느끼게 된다.

그렇다면 메타버스는 기존의 모바일만큼 메인스트림으로 성장이 가능할까? 메타버스는 페이스북이나 카카오톡과 같은 서비스가 아니다. 웹, 모바일과 비견될 ICT 패러다임이자 플랫폼으로 해석해야 한다. 그렇기에 메타버스는 PC나 스마트폰과 같은 전용 단말기인 MR 하드웨어와 웹의 시작인 포탈과 모바일의 시작인 앱스토어와 같은 가상 환경과 스토어를 통해 다양한 종류의 서비스를 즐길 수 있다. 마치 윈도 바탕 화면과 기본으로 제공되는 프로그램처럼 메타버스에도 기본적인 공간과 아바타 그리고 가상의 배경 공간과 유틸리티가 제공된다. 이 공간이 윈도 배경 화면이나 스마트폰 홈 화면처럼 다양한 프로그램들과 오브젝트로 채워지면서 메타버스를 찾게 되는 시간, 머무는 시간이 더욱 잦아지고 길어질 것이다.

메타버스는 온라인과 오프라인을 밀결합한 새로운 공간이 될 것이다. VR은 완전한 가상 공간이지만 내가 머물고 있는 현실 공간이나 우리 지구의 특정 장소와도 연계된 경험을 제공하고, AR은 현실에 디지털을 덧칠해서 현실의 경험을 증폭시켜 줄 것이다. 즉 VR은 현실을 흡수하고, AR은 현실에 디지털을 흡수시켜 정반대의 경험을 제공하면서 각각 새로운 영역을 개척해 갈 것이다.

플랫폼의 선결 조건은 호환성과 표준

웹이 이렇게 보편적인 범용 플랫폼으로 자리를 잡을 수 있었던 것은 'http'라는 프로토콜로 통일되었기 때문이다. 즉, 구글이나 네이버에서 전 세계의 웹을 검색하고, 각각의 홈페이지들을 서로 넘나들며 하이퍼링크로 상호 연결될 수 있는 것이 http라는 공통된 표준화 프로토콜을 이용했기 때문이다. 만일 홈페이지마다 자체적인 규약으로 페이지를 개발했다면 상호 호환이 되지 않았을 것이다. 모바일 앱이 상호 연계되지 않고 섬처럼 분리된 것은 웹처럼 표준 프로토콜을 이용하지 않았기 때문이다. 모바일에서도 웹을 이용해 PC에서 사용 가능한 홈페이지들을 볼 수 있는 것은 역시 http를 지원하는 웹 생태계의 확장성 덕분이다. 그렇다면 메타버스는 어떤 프로토콜로 개발되어야 할까?

오큘러스의 퀘스트에서 동작되던 앱을 MS의 홀로렌즈2에서 사용할 수 없다. 또한, 퀘스트에서 설정한 가상 환경과 아바타를 다른 VR에서 이용할 수 없다. 그것은 윈도와 맥이 호환되지 않는 것과 같다. 그런데 메타버스는 〈리니지〉와 같은 게임이 아니다. 메타버스에는 게임을 넘은 다양한 종류의 서비스들과 내 공간과 아바타가 있는 거대한 세계이다. 그런 메타버스에서 내가 공들여서 성장시킨 내 부캐와 각종 아이템들을 다른 메타버스나 다른 메타버스 서비스에서 이용할 수 없다면 영속성이 보장되지 않을 것이다. 그렇기에 각각의 메타버스 플랫폼과 관련 서비스들은 상호 호환하기 위한 표준 프로토콜에 대한 고민을 하지 않을 수 없다.

표준이 있어야 각 메타버스를 넘나들면서 보다 확장된 경험을 이어 나갈 수 있을 것이다. 마치 한국에서 동남아시아로 놀러가고 미국으로 이민갈 수 있듯이 메타버스 간 경계 없이 내가 가진 디지털 자산을 종속당하지 않고 이용할 수 있는 업계 표준이 마련될 것이다.

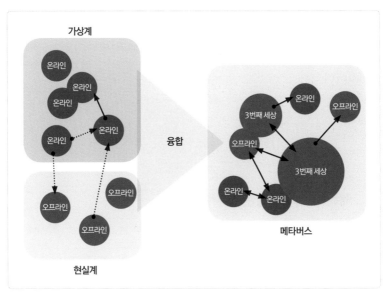

메타버스는 온라인, 오프라인 그리고 서로 다른 메타버스 간에
상호 연계, 운영되어야 한다.

이미 메타버스에서는 웹 브라우저를 열고 웹을 이용하는 것이
가능하다. PC에서 사용하던 웹을 그대로 이용할 수 있다. 또한 홀
로렌즈2를 이용하면 MS 윈도를 고스란히 경험할 수 있음은 물론,
MS 오피스의 사용도 가능하다. 이처럼 메타버스는 기존의 웹, 앱
그리고 기존 서비스들과도 연계되는 포용력을 갖춰야 웹, 모바일을
넘는 생태계를 구축할 수 있다. 앞으로 메타버스가 진입기, 성장기
를 넘어 성숙기에 접어드는 2025년 즈음이 되면 표준과 호환에 대
한 요구가 더욱 거세어져 업계 간 표준 마련이 구체화될 것이다. 카

카오톡과 라인이 호환되지 않지만 메일은 상호 연계되는 것처럼 메타버스도 기업 간 폐쇄적 구조를 벗어난 공통된 생태계로 완결되어 갈 것이다.

메타버스에서 쌓은 디지털 자산

네이버를 이용하면서 신용카드 등의 결제 정보를 입력하지 않지만, 스마트폰은 기본적으로 앱을 다운로드하기 위해 앱스토어에 가입을 하면서 기본적으로 결제 정보를 기입한다. 이렇게 기입한 정보를 통해 앱을 구매하면서 소비 활동을 하게 된다. 그렇다면 메타버스에서는 어떨까? 메타버스에서도 기본적으로 앱스토어처럼 앱 다운로드와 아이템 구매를 위해 결제 정보를 등록한다. 그런데 메타버스는 자체적인 포인트, 화폐를 이용해 사용자 간 가치 거래도 가능하다. 로블록스에서는 로벅스(Robux)라는 가상 화폐를 통해 사용자 간에 콘텐츠를 이용하고 디지털 오브젝트를 주고받는 거래 목적으로 사용하기도 한다. 실제 로블록스에서 제공하는 저작툴을 통해 게임을 만들어 판매하는 사용자도 있다. 20세의 로블록스 게임 개발자인 앤 슈메이커(Anne Shoemaker)는 〈머메이드 라이프(Mermaid Life)〉와 〈마이 드롭렛(My Droplets)〉이라는 게임을 팔아 2020년 한 해 5억

원의 수익을 올렸다. 알렉스 발판츠(Alex balfanz)는 9살 때 게임을 코딩하기 시작해, 고등학교 3학년이던 2017년 〈탈옥(Jailbreak)〉이라는 게임을 만들어 연간 수백만 달러를 벌어들이고 있다.

로블록스에서 개인 개발자가 만들어 판매하는 앱

또한 로블록스 내에서는 교육과 계몽을 위한 서비스들도 선보이고 있다. 멜론데브(Melondev)라는 개발자는 당뇨병 연구와 치료를 위한 비영리 재단인 JDRF와 함께 원 〈월드(One World)〉라는 앱을 만들었는데, 이 서비스는 당뇨병에 대한 사회적 인식 재고와 치료법 개발을 목적으로 하고 있다. 이렇게 게임인 로블록스가 다양한 목적으로 사용되고 있다. 다양한 활동을 하면서 자연스럽게 쌓여가는 내 아바타의 아이덴티티, 그간 메타버스에서 활동하며 공간에 배치해 둔 가구와 액자, 아바타를 치장하느라 쓴 아이템과 게임 활동 내역 등은 가치를 따질 수 없는 나의 디지털 자산이다. 스마트폰에서 쌓아 둔 카카오톡 메시지와 인스타그램 사진, 각종 동영상이 디지털 자산인 것처럼 메타버스에도 기존 스마트폰과 다른 데이터들이 디지털 자산으로 쌓여간다. 이 자산은 사진처럼 클라우드에 저장하는 것만으로는 활용도가 떨어진다. 이 자산들을 다른 메타버스에 활용할 수 있다면 더할 나위 없을 것이다.

싸이월드가 파산하면서 미니홈피에 쌓은 내 디지털 자산을 미처 백업하지 못한 사용자들이 안절부절못했던 것과는 비교가 안될 정도로 메타버스 내 디지털 자산의 가치는 크다. 메타버스 플랫폼에서는 이들 자산을 보호해 줄 의무가 있고 그걸 보장해 줘야 사용자들의 로열티도 높아질 것이다. 더 나아가 다른 메타버스와 디지털 자산의 일부를 호환 사용할 수 있다면 전체 메타버스 시장의 규모는 더욱 커지고 영속적일 것이다. 일례로 A 메타버스 플랫폼에서 사용하던 아바타의 복장과 얼굴을 다른 B 메타버스에서도 사용하고, A 메타버스 내의 화폐를 B에서도 환전해 사용할 수 있다면, 메타버스는 상호 연결될 수 있다. 메타버스에서 만든 디지털 콘텐츠를 다른 메타버스에서 사용하고 거래할 수 있는 확장성이 보장되면 메타버스의 만족도는 더욱 높아질 것이다.

메타버스 시대에 주목할 신기술, 다시 볼 기술

메타버스로 인해 우리 사회는 어떻게 바뀌고 어떤 기술과 비즈니스가 주목받게 될까? 또 그런 세상의 변화에 우리는 어떻게 대처하고 준비해야 할까? 늘 새로운 기술 패러다임의 변화 속에서 기회가 있었기에 메타버스 시대를 어떻게 준비해야 할지, 어떤 사회적 이슈가 있을지 살펴본다.

메타버스에서 우려되는 걱정과 한계

기술의 발전 단계를 보여주는 가트너의 하이프 사이클(Hype cycle)에 최근 주목받는 기술을 대입해 보면, 메타버스는 막 거품이 시작되는 단계라고 볼 수 있다. 비록 20년 간 기회를 엿본 기술이긴 하지만 최근 대중의 관심을 받기 시작하면서 과장된 해석이 있기에 충분한 상황이다. 오래도록 이 기술의 진화를 경험한 전문가들에게는 이미 거품이 거쳤다고 볼 수도 있겠지만, 처음 이 기술을 보게 된 사용자에게 독특한 게임기를 넘은 온전한 서비스 경험을 제공하기에는 부족함이 있다.

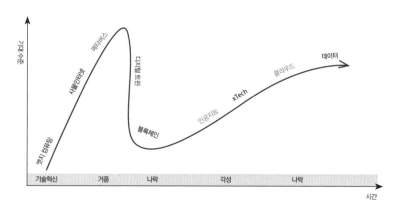

가트너의 하이프 사이클에 대입한 주요 기술들의 발전 과정과 단계

우선 VR이든 AR 기기를 쓰고 1시간을 버티며 집중하기란 쉽지 않다. 무겁고 더운 데다 초점이 잘 안 맞으면 어지러움이 있기 때문이다. 젊을수록 이런 불편함은 덜하겠지만 그럼에도 어색한 것은 사실이다. 배터리 사용 시간이 3~4시간에 불과한 것도 번거롭고, 해상도나 선명도가 더 개선되기 위해서는 컴퓨팅 파워를 필요로 한

다는 점도 아쉽다. 가장 큰 문제는 PC나 스마트폰, 태블릿을 덜 사용할 만큼 기존 기기에서 하던 서비스들을 메타버스에서 경험할 때 더 낫지는 않다는 것이다. 즉, 컴퓨터에서 문서 작성을 하거나 이메일을 확인하고 검색을 하는 것과 비교해 같은 작업을 VR에서 하거나, 스마트폰에서 결제를 하고 예약을 하고 쇼핑을 하는 것과 비교해 AR로 하는 것이 아직 더 나은 경험을 제시하지는 못한다. 가상현실 게임과 3D 동영상을 보는 등 기존에 할 수 없던 것을 하는 것에 있어서 명확한 차별화 경험을 제시하지만, 기존의 인터넷 서비스를 메타버스에서 구현하는 것은 아직 미완이거나 부족하다. 이런 점이 극복될 때 거품이 사라지고 진정한 메타버스의 사용 경험이 완성될 것이다. 즉, 각성의 단계까지는 적어도 2~3년의 시간이 걸릴 것으로 예상된다.

만일 그렇게 메타버스가 화려한 꽃을 피우게 되는 시점이 되면 오히려 다른 것을 걱정해야 할 판이다. 바로 디지털 은둔이다. 마치 현실을 도피한 채 방문을 걸어 잠그고 세상과 단절하는 은둔형 외톨이처럼 메타버스에 너무 몰입해서 사회 부적응자가 양산된 것을 걱정해야 할 것이다. VR로 만나는 가상 세계에서 헤어 나오지 못하고, 현실과 괴리된 채 살아가는 사회적 폐단을 어떻게 극복해야 할 것인지가 중요해질 것이다. 스마트폰이나 PC 게임으로 청소년들의 사회 부적응이 문제되는 것보다 더 큰 중독성을 메타버스가 양산할 수 있다. 또한, AR은 개인 정보의 악용과 정보의 비대칭, 불평등을 가져다줄 수 있다. AR을 끼고 세상을 보면 더 강력한 정보력을 갖추게 되는데, 이것이 한층 강화되거나 부익부빈익빈을 가속화하면 정보의 양극화가 커질 수 있다. AR 기기는 물론 이를 지원하는 정보와 데이터의 접근성이 균형 있게 제공되지 못하면 컴퓨터, 스마트폰으로 인한 불평등보다 더 큰 사회 문제가 잉태될 수 있다.

이 같은 메타버스의 한계와 향후의 우려 사항에 대해 충분한 고민과 진단이 있어야 이 기술이 만인에게 더 나은 사회, 가치 있는 경험을 제공해줄 수 있을 것이다.

메타버스로 주목받을 신기술

그렇다면 메타버스는 어떤 기술들을 더욱 부상시킬까? 메타버스는 아직도 진화 중이다. 메타버스 세상은 마치 TV가 더욱 커지고 선명해지는 대화면, 고화질의 진화 과정을 거친 것처럼 더 진짜 같고 선명하며 끊김 없는 자연스러운 화면을 보여주기 위해 고도화되고 있다. 이를 위해서 2가지 조건이 필요하다. 첫째, VR 기기에 3D 렌더링과 고화질 영상 처리를 위한 컴퓨팅 파워가 필요하다. 이를 위해서는 더 빠른 성능의 그래픽 코어와 CPU 등이 필요하다. 둘째, 고화질의 오브젝트와 가상 환경을 제작할 수 있는 오소링툴(저작툴)이다. 실사처럼 선명한 디지털 콘텐츠를 개발할 수 있는 엔진 등이 있어야 한다. 이 두 가지가 메타버스의 진화 속에 앞으로 기대되는 기술 영역들이다.

보다 실사처럼 진화하는 메타버스

또한, VR이든 AR 모두 실제 현실과 밀결합된 경험 제시를 위해 현실에 있는 사물을 정확하게 인지할 수 있는 스캐닝 기술이 필요하다. 오큘러스 퀘스트2에는 외부 전경을 인식할 수 있는 내장 카메라가 있어 VR 이용 중에 주변의 사물들이 방해가 되어 다치지 않도록 가상의 울타리(경계)를 만들어 주는 기능이 있다. 울타리를 벗어나면 경고를 해 부딪치지 않도록 해주는 것이다. 또한, 소파나 책상을 퀘스트2에서 인식시켜서 의자, 소파에 실제 앉거나 책상에 키보드 등을 올려 둘 때, VR에서도 소파와 책상의 위치, 크기, 높이를 인식해 실제 VR에 이들 가구가 있는 것처럼 해준다.

오큘러스에서 현실의 소파와 책상을 인식하는 기능

실제로 퀘스트2는 로지텍의 K830 키보드를 인식할 수 있는데, 이렇게 인식된 키보드를 사용할 때에는 VR에서도 이 키보드의 위치는 물론 타이핑을 하는 가상의 모습을 볼 수 있다. 실물 키보드를 가상에서 사용할 수 있도록 키보드의 물리적 위치는 물론 실제 타이핑하는 손가락의 모습까지 그대로 투영해 가상에서 보여주는 것이다.

오큘러스 퀘스트2에서 인식되는 로지텍의 K830을 VR에서 이용하는 화면

이렇게 향후 현실과 가상은 밀결합되어 증강된 현실, 가상의 경험을 가질 수 있도록 해주는 기술을 더욱 더 광범위한 영역에서 필요로 할 것이다. 이를 위해서는 VR, AR 기기에서 현실의 사물들을 3D 스캐닝해서 인식하는 기술과 사물이 쉽게 메타버스에 투영되어질 수 있는 인식 센서 등의 기술이 더욱 주목받게 될 것이다. 이러한 기술들이 뒷받침되면 메타버스는 보다 완숙한 모습의 보편적 플랫폼으로 자리 잡아갈 수 있을 것이다.

새로운 인터페이스, 멀티모달과 AI의 기대

특히 향후 기대되는 분야는 메타버스 내에서 좀 더 편리한 사용성을 만들어 주는 멀티모달(multi-modal)과 AI 어시스턴트(Assistant)이다. 기기별로 조금씩 다르지만 메타버스 내에서는 주로 양손과 고갯짓, 머리 회전 등을 이용해서 공간을 유영하고 서비스를 사용한다. 사실 공간을 유영하고 액션까지 취하면서 활동을 하려면 여간 복잡한 것이 아니다. 그러다 보니 좀 더 이런 조작을 쉽게 할 수 있도록 도와주는 인터페이스 개선은 앞으로 계속 될 것이다. 즉, 두 손과 머리의 움직임 정도로는 안되고, 실제 걷고 앉는 것부터 시작해서 내 온몸이 메타버스 공간 속 아바타와 동기화가 되어 실제 오프라인의 내가 그대로 메타버스에 투영될 수 있어야 한다.

더 나아가 메타버스에서 AI 어시스턴트를 호출해 원하는 작업과 명령, 지시를 내리고 다양한 방식으로 그 결과를 얻을 수 있는 연구도 필요하다. 이미 AI 어시스턴트가 탑재된 스마트 스피커가 국내외에 빠르게 보급되고 있다. 아마존의 알렉사와 에코, 구글의 구글 어시스턴트와 네스트홈, SKT, 카카오와 네이버도 AI 어시스턴트와 스피커를 출시해 서비스하고 있다. 이러한 시스템이 제공된다면 메타버스 내 서비스 사용이 훨씬 편리해질 것이다. 메뉴를 선택해 가며 앱을 실행하고 필요로 하는 정보를 검색하거나 입력하기 위해 손가락을 허공에 허우적거리며 타이핑하는 것보다 AI를 불러서 음성으로 명령을 내리는 것이 훨씬 편리하다. 게다가 이미 디지털 공간 속에서 AI를 부를 수 있어 오프라인에서 디지털 AI를 이용하는 것보다 훨씬 완성된 경험을 할 수 있다.

AI 어시스턴트가 아바타로 디지털 실체를 가지고 우리에게 접근해 도움을 줄 수 있고, 호출한 AI 어시스턴트의 목적에 따라 다양한 아바타로 변신해 우리 앞에 나타날 수 있다. 검색을 위한 AI, 상품 구매를 도와주는 퍼스널 쇼퍼로서의 AI, 게임 사용법이나 격파 방법을 알려주는 슈퍼 게이머 AI 등 다양한 모습으로 메타버스에 나타날 수 있다. 무한한 메타버스 공간에서 길을 잃지 않게 안내해 주고, 친구처럼 말벗이 되어 위로도 해주는 그런 AI 어시스턴트를 메타버스에서 기대해 볼 수 있다. 게다가 AI는 즉시 디지털 공간 속 메타버스에서 커다란 디스플레이를 띄워서 화면으로 정보를 보여줄 수 있고, 웹 브라우저를 띄워 검색 결과를 보여주고, 웹 서핑을 대신해 주면서 브리핑을 해주는 것도 가능하다. 이렇게 메타버스는 AI 어시스턴트에 날개를 달아줄 것이다.

진짜보다 리얼(real)하고,
가상보다 판타스틱(fantastic)한 월드

메타버스는 이제 시작일 뿐이다. 앞으로 더 많은 기업들이 도전하고 보다 많은 사용자들이 자주, 오래 사용하면서 관련 기술은 빠르게 진화할 것이다. PC가 TV 시청률을 잠식했고, 스마트폰이 PC 사용 시간을 줄였다. 메타버스는 이들 디지털 기기의 사용은 물론 오프라인에 우리가 머무는 시간조차 줄여서 더 몰입하게 만들 것이다. 궁극에는 진짜보다 더 사실 같은 메타버스가 우리를 현실과 가상을 구분하지 못하게 만들 수 있다.

메타버스에서 쌓은 부캐, 내 아이덴티티를 압도하다

우리는 학교, 회사, 집 등 다양한 영역에서 부캐를 가지고 살아

간다. 회사에서의 모습과 집에서의 모습이 100% 일치하는 사람은 없을 것이다. 누구와 어떤 목적으로 어떻게 만나고 활동하느냐에 따라 우리가 보여주는 외적 모습은 달라진다. 나의 정체성 또한 다양하게 표현되어 내적인 아이덴티티도 조금씩 다를 것이다. 메타버스 역시 제3세계로 오프라인에서의 다양한 모습과 마찬가지로 또 다른 나만의 아이덴티티가 만들어질 것이다. 그것이 하나일 수도 있고 아바타를 바꿔 가며 여러 개로 형성될 수 있다. 이런 메타버스의 나는 메타버스에서의 체류 시간이 길어지게 되면 현실 속 나를 압도할 수 있다. 누가 진짜 나인지 알 수 없을 정도로 메타버스의 나는 현실의 나에게 영향을 줄 수 있다. 메타버스의 부캐는 오프라인 현실보다 내가 의도한 자유 의지로 만들기 쉬워 진짜 나일 수 있다. 현실은 내가 원하는 대로 살 수 있는 것이 아니고 주변의 여건과 환경에 지배되어 억압될 수 있지만 메타버스는 온전히 내 의지로 나를 표현하고 옷을 입고 공간을 꾸미며 활동할 수 있다. 그러다 보니 현실보다 더 내가 꿈꾸는 나로 성장해 가기 적합하다.

그렇게 꿈꾸는 내가 자라나는 메타버스에 몰입하게 되면 현실을 도피할 수 있다. 또한, 애써 키운 내 메타버스의 아바타는 오히려 현실 속 나보다 더 소중한 존재로 자리 잡아갈 수 있다. 게임에 빠져 현실을 도외시한 채, 게임 속 나를 꾸미기 위한 아이템 구매에 과한 지출을 하는 것처럼 메타버스는 게임보다 더 깊은 몰입감을 줄 수 있다. 이 같은 사회적 문제를 미연에 방지하기 위해서는 메타버스에 대한 다양한 연구와 건강한 발전을 위한 제동 장치에 대한 고민이 필요할 것이다.

현실보다 더 자유롭고 창의적인 공간

카페나 블로그, 미니홈피 그리고 페이스북과 인스타그램에 글을 쓰고 사진을 올리는 것처럼 메타버스에도 창작 활동이 가능하다. 창작의 형태는 텍스트나 이미지, 영상을 넘어 디지털 예술 작품이나 가구, 액자, 옷, 이모티콘 등 다양하다. 로블록스나 마인드스톰에서는 게임을 쉽게 개발할 수 있는 저작툴을 제공함으로써 게임을 만들어 파는 사람도 있고, 〈세컨드 라이프〉에서 보여준 것처럼 건물이나 디지털 오브젝트를 만들어 파는 디지털 목수도 있을 수 있다. 현실에서 무언가 만들려면 학습과 투자, 준비가 많이 필요한데 메타버스에서는 소프트웨어를 통해 디지털로 창작물이 탄생하기 때문에 학습만 하면 된다. 게다가 저작툴의 사용이 갈수록 쉬워지고 편해져 보다 쉽게 디지털 창작을 가능하게 해준다. MS오피스와 같은 문서 작성 소프트웨어가 나오기 전에는 문서를 예쁘게 만드는 데 상당한 노력이 필요했다. 하지만 손쉬운 문서 제작 소프트웨어 덕분에 누구나 쉽게 문서 작성이 가능하다. 홈페이지 제작 역시 기존에는 HTML 언어를 배워서 어렵게 만들어야 했지만 이제 용도에 맞는 홈페이지 제작이 손쉬워졌다. 블로그, 페이스북, 틱톡, 유튜브 등을 이용하면 굳이 HTML을 몰라도 다양한 형태의 홈페이지를 만들어 창작 활동을 할 수 있다.

메타버스에서도 이 같은 창작이 보다 다양한 형태로 이루어질 수 있다. 단지 디지털 콘텐츠, 오브젝트를 만들기만 하는 것이 아니라 이를 필요로 하는 사람에게 판매하고 거래를 할 수 있다. 오프라인에서 공방에서 물건을 만들어 파는 것처럼 내가 가진 재능을 이용해 디지털 콘텐츠를 만들어 판매가 가능하다. 더 나아가 상품이 아닌 메타버스에서의 내 노동을 판매하는 것도 가능해질 것이다. 오프라인을 그대로 닮은 창조적 제3세계인 메타버스 세상 속에서 현실의 경제 활동과 같은 유사한 행위를 하고 개인 간 거래도 가능해질 것이다. 그렇기에 메타버스 세상은 온라인을 넘어선, 오프라인을 초월한 제3의 온오프 하이브리드 세상이라고 일컬을 수 있는 것이다.

윈도 바탕 화면이나 스마트폰 홈 화면의 배경은 저마다 개성 있게 꾸미지만 그 배경 이미지를 돈으로 사는 경우는 극히 드물었다. 하지만 집에는 가구와 벽지, 액자, 조명 등 다양한 상품을 구매해 장식하는 데 투자를 한다. 메타버스 속 공간도 마찬가지다. 오프라인의 공간 개념을 그대로 옮겨왔기 때문에 메타버스 공간의 배경 환경과 내 가구와 내 아바타를 꾸미는 데 마치 카카오톡 이모티콘처럼 개성을 맘껏 뽐내고자 하는 욕구를 위해 관련 아이템의 구매가 당연하게 될 것이다.

더 나아가 가상이 아닌 증강 현실 즉, AR에서도 실제 오프라인의 내 집 거실과 방은 볼품없어도 AR 안경을 끼고 거실을 보면 근사한 명화 액자와 거대한 TV 스크린, 멋진 조각품 등이 공간을 꽉 채우게끔 투자하는 것도 이상하지 않을 것이다. 이미 싸이월드의 미니홈피를 꾸미기 위해 도토리를 썼던 우리의 경험을 돌아보면 그보다 더 멋진 신세계에 투자하는 것은 전혀 어색하지 않은 일이 될 것이다.

현실을 헷갈리게 만드는 매트릭스 세상

심지어 에픽게임즈(Epic games)의 트윈모션(twinmotion)이나 프로메티안(Promethean) AI와 같은 엔진을 이용해 만든 디지털 콘텐츠는 진짜보다 더 실감나 앞으로 메타버스는 현실보다 더 현실같은 제3의 공간이 될 것이다. 이런 공간에서 머문다면 뭐가 현실이고 뭐가 가상인지 알 수 없게 될 것이다.

프로메티안(Promethean) AI 엔진으로 구현된 메타버스 공간

즉, 만화나 게임 같은 모습이 아니라 실제 현실보다 더 진짜 같은 실사 이미지에 현혹돼 마치 꿈과 현실을 헷갈리는 것처럼 혼동을 가져올 수도 있다. 단, 이렇게 실사같은 메타버스를 누리려면 컴퓨터 파워보다 더 빠른 성능의 프로세서를 필요로 한다. 메타버스 세상이 보다 현실같기 위해서는 보다 성능이 뛰어난 컴퓨터 파워, CPU, GPU 등을 필요로 한다는 것이다. 그렇게 기술은 PC보다, 스마트폰보다, 더 값비싼 반도체와 CPU를 요구하게 될 것이다.

미켈라   이마   로지

SNS에서 왕성한 활동을 하는 버추얼 인플루언서

수십만 원 수준의 VR 기기로는 이 같은 실사 이미지를 제대로 표현할 수 없다. 보다 고성능의 PC와 와이파이(WiFi)로 VR 기기를 연결하거나 보다 고성능의 프로세서가 탑재된 VR, AR 기기를 이용해 현실보다 더 진짜 같은 세상을 메타버스로 구현하기 위한 노력들이 펼쳐질 것이다. 그렇게 우리는 영화 속에서나 보던 가상의 메타버스 세상을 실제로 만나보게 될 날이 멀지 않았다.

최근에는 버추얼 인플루언서라 불리는 컴퓨터 그래픽과 AI로 만들어진 사람보다 더 진짜 같은 메타휴먼(AI휴먼)이 인스타그램이나 유튜브에서 활동하고 있다. 가수나 아나운서 혹은 모델로 활동하며 명품 브랜드나 자동차 회사 등의 광고를 하기도 한다. 이들은 진짜 사람 같은 얼굴과 표정, 목소리로 인터넷 세상 뿐만 아니라 TV에도 출연하고 있다. 이런 메타휴먼에게 가장 어울리는 공간이 메타버스이다. 메타버스에서 이들 메타휴먼은 사람을 대신하는 아바타보다 더 자유롭게 공간을 유영하며 사람들과 대화하고 다양한 활동을 할 수 있을 것이다.

메타버스의 성장은 앞으로 어떤 비즈니스 기회를 제공할까? 사실 스마트폰이 보급되면서 모바일 시대가 개막된 2010년경, 우리는 모바일 게임이나 지도, 검색 등 웹에서 제공되던 서비스의 확장판 정도로 기회를 엿보았다. 그리고 PC에서 사용하던 인스턴트 메신저인 ICQ, 네이트온과 휴대폰 SMS를 넘어선 모바일 메신저 정도를 새로운 서비스의 가능성으로 두었지 신사업 기회를 가져다줄 혁신이라고 확신하지 못했다. 하지만 한쪽에서는 모바일이 가져올 새로운 사업 기회를 진작에 알아채고 배달의민족, 인스타그램, 타다, 토스, 우버, 에어비앤비와 같은 신사업 기회를 준비한 곳도 있다. 메타버스는 어떤 기회를 우리에게 열어 줄까?

Part 2

메타버스의 수혜주, 유망 사업은?

Chapter 1

신사업의 마중물이자
기회의 땅

메타버스는 온라인처럼 오프라인 산업에 위기를 가져다주는 것이
아닌 새로운 혁신의 가능성을 제공할 수 있는 보완재로 해석해야
한다. 아니 오히려 오프라인 산업을 메타버스라는 디지털 기술을
기반으로 혁신할 수 있는 디지털 트랜스포메이션의 기회로 삼아야
만 한다. 사실 온라인의 성장은 전통적인 오프라인 산업 영역의 축
소나 위기를 가져왔다. 하지만 메타버스는 오프라인 산업이 디지털
기술 기반으로 재도약할 수 있는 기회를 만들어줄 것이다. 2000년
대의 웹이 콘텐츠, 미디어, 커머스 산업에 위기를 가져왔고, 2010년
대의 모바일이 통신, 교통, 배달 산업에 영향을 준 것처럼, 2020년대
의 메타버스는 또 어떤 변화를 가져올까? 그것을 위기로 만드느냐
기회로 삼느냐 하는 것은 우리의 준비에 달려 있다.

메타버스의 킬러앱, 소셜 파티

ICT 플랫폼마다 늘 킬러앱은 존재해 왔다. 킬러앱이란 사람들이 자주, 오래, 많이 사용하는 서비스를 일컫는다. 웹에서는 메일, 카페, 블로그, 모바일에서는 메신저, SNS, 지도 서비스처럼 해당 플랫폼에서 널리 사용하는 것이 킬러앱이다. 이런 킬러앱의 공통점은 무료라는 점, 그리고 많은 사람들이 사용하면서 발생한 네트워크 효과로 인해 광고, 커머스 등 다양한 수익 사업으로 확장되는 플랫폼 비즈니스의 특징을 가졌다는 점이다. 그렇다면 메타버스의 킬러앱은 무엇일까?

꾸준하게 발전되어 온 메타버스 기기

　사실 메타버스 기기는 수년 간 발전이 있어 왔다. 최초 디바이스는 유선인데다 무겁고 10여 분 이상 사용하면 뜨거워져서 불쾌한 경험을 선사하기 일쑤였다. 하지만, 꾸준히 진화하면서 이제는 제법 무게가 경량화 되고 속도도 상당히 빨라졌다. 기존의 4년보다 앞으로의 1년이 더 큰 도약이 있으면서 더 작아지고 더 가벼워질 것이다. 10년 전 스마트폰과 지금의 스마트폰을 비교해 보면 화면 크기부터 폼펙터, 성능과 기능에 이르기까지 격세지감을 느낀다. 메타버스로 안내하는 기기들도 그렇게 진화해 갈 것이다. 성능이나 기능이 보강된다면 이를 100% 활용해서 나올 수 있는 킬러앱의 편리함도 더욱 커질 것이다.

구글 카드보드 오큘러스 리프트 오큘러스 고 오큘러스 퀘스트 오큘러스 퀘스트2
(Google Cardboard, 2016) (Oculus Rift, 2016) (Oculus Go, 2017) (Oculus Quest, 2019) (Oculus Quest2, 2020)

구글과 페이스북의 VR에 대한 여정

　메타버스 기기의 특징을 잘 이해해야 킬러앱에 대한 상상도 가능하다. 기존의 컴퓨터와 스마트폰이 달랐기에 모바일에서 기존 웹에서는 구현하기 어렵던 서비스들이 주목받아 킬러앱이 될 수 있었다. 메타버스도 기존의 컴퓨터나 스마트폰과 다른 어떤 특징들이 있는지를 파악해야만 그에 맞는 최적의 킬러앱에 대한 구상도 가능하다.

PC는 모니터 속 바탕 화면, 스마트폰은 홈 화면을 기준으로 주로 사각형으로 된 틀 속에서 서비스가 구현된다. 반면, 메타버스는 3차원 공간이 배경 화면이다. 즉, 공간이 기준이다 보니 기존처럼 사각형의 틀에 갇히지 않으며 무한하기에 그 공간을 십분 활용해 표현할 수 있다. VR은 가상으로 구현한 가상 환경, AR은 실제 내가 있는 현실 공간이 바탕이 된다. 그래서 입체적인 서비스의 표현이 가능하다. 그리고 그 공간을 제3자적 관점에서 보는 것이 아니라 나를 대표하는 아바타의 시선으로 볼 수 있다. 기존의 인터넷 기기는 제3자의 관점에서 2D 화면을 보지만, 메타버스는 공간을 유영하기 위한 주체가 필요해 아바타가 있다. 또한, 그런 아바타를 타인이 볼 수 있어 내 아바타를 개성 있게 꾸미는 것이 중요하다. 웹 페이지들이 하이퍼링크로 서로 연결된 것처럼 메타버스 공간도 서로 연결되어 있으며, 마우스 클릭으로 페이지를 이동하는 웹과 달리 아바타를 손가락이나 실제 내 몸을 움직여 이동하거나 방향을 전환할 수 있다. 내가 고스란히 디지털화된 공간 속에 들어가 인터넷을 사용하는 것이 메타버스의 특징이다.

공간과 아바타를 통해서 공간을 유영하며 사용하는 방식이다 보니 컴퓨터의 키보드와 마우스처럼 메타버스 조작에 최적화된 입력 장치를 필요로 한다. 핸드스트랩이라 불리는 양손에 움켜쥐는 장치를 사용해서 검지와 엄지로 아바타를 조작할 수 있고, 머리에 쓴 헤드셋에 내장된 자이로스코프 센서 등을 통해 바라보는 방향과 실제 내가 걸어가는 동작을 파악해 아바타에 적용해 주기도 한다. 그 외에 좀 더 자세한 정보 입력을 위해 몸에 부착하는 수트 등에 더 다양한 움직임(앉거나, 달리거나, 무릎을 꿇거나, 엎드리거나)을 센싱해 보다 사실적인 경험을 할 수 있다. 이렇게 기기의 특징과 사용 방식이 기존과 크게 다르기 때문에 이를 적극 활용할 수 있는 새로운 서비스에 대한 기대가 크다.

게임에서 새로운 SNS로 주목받는 소셜 파티

게임 플랫폼 업체인 로블록스(Roblox)가 2021년 3월 10일 뉴욕 증시에 상장하면서 첫날 54%나 급등할 만큼 큰 주목을 받았다. 코로나19 이후 메타버스 시대를 대표하는 기업으로 주목받았기 때문이다. 에픽게임즈의 〈포트나이트〉, 〈마인크래프트〉, 〈동물의 숲〉 등도 비슷하다. 이들 게임의 가장 큰 특징은 두 가지이다. 기존의 게임과 달리 게임 내에서 다양한 소셜 경험을 할 수 있다는 점이다. 그리고 게임 내에서 아이템으로 내 아바타를 치장하고, 새로운 아이템을 개발하는 등 컴퓨터 소프트웨어 개발을 몰라도 창작 활동을 할 수 있다.

나스닥에 상장한 로블록스의 주가

로블록스에서는 사용자가 직접 게임을 개발할 수 있다. 전문 개발자가 아님에도 쉽게 게임을 개발해서 그 게임을 공개 혹은 판매할 수 있다. 누구나 블로그를 개설해서 직접 글을 포스팅하듯이 게임을 개발할 수 있는 것이다. 게임을 하기 위해서는 현금으로 구매한 로벅스라는 로블록스 내의 전용 화폐로 거래할 수 있다. 물론 로벅스는 개발자 환전(DevEx)을 통해 달러로 현금화할 수도 있다. 〈마인크래프트〉역시 육면체 블록을 쌓고 부수면서 공간에 여러 디지털 사물들을 만들 수 있는 도구를 제공한다. 이런 저작툴을 이용해 공간을 나만의 창작물로 채울 수 있다. 과연 이런 기능을 제공하는 게임들은 게임이라고 봐야 할까?

한마디로 게임이 진화하고 있다. 게임을 하러 들어온 10대는 게임 속에서 일상을 즐기고 있다. 친구들과 파티를 하고, 게임 속 공간을 함께 유영하며 경험을 나누며 놀고 있다. 그걸 소셜 파티라고 부른다. 2016년부터 출시되어 인기를 끌고 있는 〈렉 룸(Rec Room)〉이라는 스타트업의 신규 서비스는 가벼운 스포츠 게임을 즐기고 퀴즈를 함께 풀 수 있는 놀이 서비스이다. 또한, 프라이빗 라운지에서는 친구들과 공연도 보고 담소도 나눌 수 있다. 〈렉 룸〉은 2021년 1억 달러의 투자를 받으며 유니콘 기업으로 주목받고 있다.

〈렉 룸(Rec Room)〉에서 즐기는 소셜 파티

　이러한 소셜 파티의 경험을 게임에서 시작되어 제공하는 것만
은 아니다. 네이버의 자회사 스노우에서 전 세계를 대상으로 서비
스하는 〈제페토〉, SKT의 〈이프랜드〉는 시작부터 소셜 파티를 목
표로 하고 있다. 〈제페토〉는 이미 2021년 초 기준으로 전 세계 2억
명이 사용하며 특히 미국, 중국 10대에 선풍적인 인기를 끌고 있다.
인기의 비결은 무얼까? 페이스북의 평면적이고 단조로운 서비스에
서 벗어나 보다 입체적이며 공감각적 서비스 경험에 대한 니즈 덕
분이다. 소셜 파티 서비스에 입장하면 공간을 이동하면서 다양한
방향으로 시선을 바꿔가면서 색다른 체험이 가능하다. 내 아바타
를 개성 있게 꾸미고 여러 제스처를 취하면 감정과 생각을 표현할
수 있다. 페이스북, 인스타그램, 틱톡 등에서는 경험하지 못했던 새
로움이다.

소셜 파티는 아니지만, 〈스페이셜〉(Spatial)〉, 〈개더타운(Gather town)〉 등은 줌(Zoom)처럼 모여서 대화를 나누고 회의를 할 수 있는 서비스이다. 하지만 줌과 달리 공간을 꾸미고 아바타를 이용해 나를 표현할 수 있다. 아직 이들 서비스 대부분은 VR, AR 기기에 최적화돼 출시된 것은 아니며, 기존의 컴퓨터나 스마트폰에서 사용할 수 있도록 제공되고 있다. 〈스페이셜〉의 경우에는 VR, AR 기기를 제대로 지원하기 때문에 기기를 쓰고 입장하면 내 몸이 아바타와 동기화가 되어 디지털 로봇을 조작하는 것처럼 내 몸으로 아바타를 제어할 수 있다. 이렇게 실제 메타버스 기기에 최적화되면 조작 방식이 보다 편해지고 내 동작과 일치된 다양한 모션을 취할 수 있어 현실과 가상이 서로 자연스럽게 연결될 것이다.

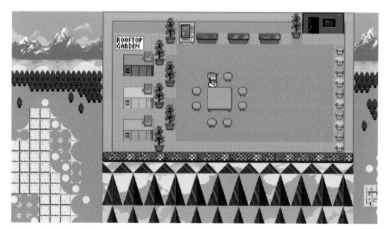

PC에서도 사용 가능한 개더타운에서 만든 가상 오피스

메타버스 공간 그 자체가 킬러앱

사실 메타버스에서의 킬러앱이 어느 하나 일리는 없다. 모바일에서도 킬러앱이 페이스북 외에도 인스타그램, 틱톡, 카카오톡, 티맵, 배달의민족, 네이버페이, 스노우 등 다양한 것처럼 메타버스의 킬러앱도 다양할 것이다. 과연 어떤 킬러앱이 있을까?

오프라인에서 우리가 즐겨 가는 곳이 어디인가? 회사, 학교, 카페, 영화관, 피트니스 센터, 백화점, 마트, 편의점 등이다. 아이들이라면 놀이터, PC방, 유치원, 동물원, 대공원 등일 것이다. 메타버스는 오프라인처럼 공간과 아바타로 다양한 모션을 취하며 활동하는 특징을 가지고 있어, 오프라인에서 하던 것을 그대로 재현할 가능성이 높다. 바로 여기서 킬러앱의 기회를 찾아야 한다. 이미 소셜 파티가 오프라인에서 하던 경험을 디지털 특성에 맞게 제공하고 있지만, 소셜 파티가 그 모든 것을 통합 제공하려다 보니 빈틈이 있고 특정한 경험은 완전하지 않을 수 있다. 일례로 함께 영화를 보거나, 회사에서 일을 하고 회의를 하며 협업을 하거나, 백화점에서 상품을 쇼핑하는 경험 등은 완벽하게 구현하는 데 제약이 있다. 이런 특화된 경험을 제공하는 킬러앱이 탄생할 수 있다.

독서실, 집무실, 공방 등 다양한 환경을 제공해 업무를 보고 함께 회의를 하는데 최적화된 메타버스 킬러앱이 있을 수 있다. 서재나 회사 집무실보다 더 안락하고 분위기 좋으며, 내게 최적화된 모니터와 컴퓨터 등의 업무용 기기들을 설정할 수 있는 그런 서비스이다. 이런 킬러앱을 실행하면 100인치 되는 모니터를 책상 위에 올려두거나 30인치, 10인치, 20인치, 5인치 모니터들을 여러 개 배치할 수도 있다. 또한, 각종 문서를 작성할 수 있는 툴들과 업무를 보는 데 최적화된 다양한 디지털 도구들이 제공되기도 할 것이다.

가상 모니터를 띄운 가상 컴퓨팅 모습

메타버스에서 함께 영화를 보는 킬러앱도 그냥 영화를 보는 것이 아니라 용산 CGV 아이파크몰과 청담시네시티의 분위기가 다르듯 영화를 보는 공간마다 다른 경험을 제공할 수 있다. 대저택 지하를 영화관처럼 꾸미거나 자동차 극장처럼 만들고, 아이맥스 영화관보다 더 큰 스크린에 안락한 침대에서 보는 분위기를 구성할 수도 있다. 실제 〈빅스크린(BigScreen)〉이라는 오큘러스 퀘스트용 앱은 영화나 영상을 사람들과 함께 다양한 공간에서 볼 수 있는 경험을 제공한다. 이처럼 공간을 기반으로 다양한 목적에 최적화된 경험을 선사하는 서비스들이 킬러앱의 후보들이다. 2000년대 다음커뮤니케이션과 네이버, 싸이월드, 프리챌, 세이클럽, 아이러브스쿨처럼, 2010년대 〈카카오〉, 〈배달의민족〉, 〈마켓컬리〉, 〈토스〉, 〈당근마켓〉, 〈야놀자〉, 〈틱톡〉, 〈스냅챗〉과 같은 킬러앱들이 비즈니스의 기회를 가졌던 것처럼 2020년대 메타버스에도 그런 기회가 올 것이다.

특히 공간을 꾸미고 특정 목적에 최적화된 경험을 제공하는 것은 관련 사업을 하던 전통 오프라인 기업이 유리하다. 오랜 시간 다져진 내공과 오프라인을 운영하며 얻은 노하우가 메타버스에서 공간과 경험을 디자인하는 데 도움이 될 것이다. 또한, 오프라인 매장이나 특별한 공간을 메타버스와 연계함으로써 색다른 온오프 하이브리드 경험을 고객들에게 선사할 수도 있다. 오로지 온라인, 디지털 세상에서 기술 기반으로 인터넷 비즈니스를 하던 기업들에 맞서 오프라인 전통 기업이 디지털 기술을 활용해 사업 혁신을 할 수 있는 마지막 기회인 셈이다.

메타버스의
플랫폼 비즈니스 기회

메타버스도 스마트폰 앱스토어처럼 앱을 거래하는 '마켓플레이스'가 있다. 또한, 싸이월드의 도토리처럼 메타버스 내에서 사용자 간 자유 거래를 좀 더 쉽게 할 수 있는 메타버스용 디지털 화폐가 있을 것이다. 하지만 이 같은 앱스토어와 화폐 시스템을 구축하는 것은 메타버스 플랫폼 자체를 만드는 기업만이 할 수 있다. 즉, 스마트폰 시장에서 애플이나 구글 정도가 되어야 이런 플랫폼 비즈니스에 도전할 수 있다. 그렇다면 메타버스에서의 플랫폼 사업 기회는 페이스북이나 MS 등과 같은 빅테크 기업만 가져갈 수 있는 것일까?

한국형 메타버스 플랫폼, 기회는 있는가?

모바일 플랫폼은 스마트폰과 모바일 OS를 통합, 개발해 제공하는 애플과 모바일 OS인 안드로이드만을 개발해 전 세계의 스마트폰 제조사에 탑재해 제공하는 구글이 지배적 사업자이다. 그리고 중국의 화웨이나 샤오미, 아마존의 스마트폰같이 안드로이드 오픈소스 기반으로 독자적인 플랫폼을 만든 곳들이 있다. 과연 메타버스는 어떻게 지배적 플랫폼 사업자가 탄생될까? 그리고 그 사업자는 누가 될까? 한국에는 그런 기회가 있을까?

메타버스 플랫폼은 모바일처럼 메타버스 기기와 그 기기를 운영하는 OS를 개발하는 기업이 주도하는데, 현재로서는 하드웨어와 소프트웨어 즉, 기기와 OS 모두 한곳에서 통합, 개발하고 있다. 즉, 스마트폰의 안드로이드와 같은 기업은 없다. 그렇기에 오큘러스 퀘스트라는 VR 기반으로 메타버스 플랫폼을 만드는 페이스북과 홀로렌즈라는 기기로 AR 플랫폼을 운영하는 MS 두 곳이 대표적이다. 그 외에 소니, HTC, 매직리프(Magic Leap) 등의 메타버스 플랫폼을 만드는 곳이 있긴 하지만 지배적 위치가 아니다. 삼성전자 역시 아직 그런 플랫폼을 개발하고 있지는 않지만 메타버스 시장이 확대되면서 기업 간 전략적 제휴가 모바일처럼 펼쳐질 수 있을 것이다. 구글은 수년 전 이미 구글 글래스를 개발해 AR 시장에 진출했지만 유의미한 성과를 거두지 못하고 지금은 답보 상태이며, 애플 역시 2022년에 애플 글래스를 통해 AR 시장에 진출한다는 계획만 추정 중이다.

작고 경량화된 AR 기기, 매직리프

그렇다면 이런 틈바구니 속에서 한국의 빅테크 기업인 네이버, 카카오, SKT 등은 메타버스 플랫폼에 도전할 수 있는 가능성이 있을까? 한마디로 없다. 이미 페이스북과 MS 등은 1~2년 준비한 것이 아니라 5년도 훌쩍 전부터 이 시장에 투자해 왔고 심지어 손해를 보면서까지 상용화 제품까지 출시, 생산, 판매하면서 꾸준한 시행착오 끝에 기술력과 브랜드를 쌓아 왔다. 지금 뒤늦게 진출해 이들을 따라잡을 수 있을까? 실제 SKT만 해도 2021년에 오큘러스 퀘스트 2를 페이스북 본사와 전략적 제휴를 맺어 국내에 수입, 단독 판매했을 뿐이다. 하드웨어를 개발해 생산 판매까지 한다는 것은 쉬운 일이 아니며 독자 OS 개발만 해도 오랜 기간이 걸린다. 한국의 메타버스 플랫폼이 개발될 리 없고 성공하기는 단언하기 어렵다. 불가능하다.

제조사인데다 글로벌 영향력을 갖춘 삼성전자는 스마트폰에 보여준 저력처럼 메타버스에서도 VR이든 AR이든 관련 하드웨어를 만들고, OS는 페이스북이나 구글 등과 전략적 제휴를 통해 추진할 수는 있을 것이다. 스마트폰 시장을 애플과 삼성의 경쟁 구도로 해석하기보다 모바일 플랫폼 시장을 애플과 구글이 양분하고 있는 것처럼 메타버스 플랫폼도 하드웨어를 만드는 제조사 간 경쟁보다는 OS를 지배한 소프트웨어 기업 간 경쟁으로 해석될 것이다. 물론 비즈니스 기회도 하드웨어보다는 소프트웨어에서 더 많다.

킬러앱을 기반으로 한 서비스 플랫폼의 가능성

하드웨어와 소프트웨어를 통합해 거대한 생태계를 구축하는 것만이 플랫폼은 아니다. 플랫폼 비즈니스의 접근 방식은 다양하다. 킬러앱 즉, 특정 용도의 서비스를 통해서도 구현할 수 있다. 네이버, 구글, 카카오, 페이스북 등이 웹과 앱에서 특정 서비스를 통해 플랫폼을 구축한 사례이다. 중국의 위챗만 해도 메신저 앱을 통해 모바일의 모든 서비스를 연결해 주는 거대한 플랫폼으로 성장했고, 알리페이 역시 온오프라인 결제를 위한 도구에서 시작해 모든 금융 상품과 결제를 필요로 하는 모든 영역의 서비스를 중계해 주는 라이프(Life) 서비스 플랫폼으로 자리 잡았다.

메타버스 역시 킬러앱을 통해 여러 서비스들을 연계하는 플랫폼 비즈니스의 실현이 가능할 것이다. 즉, 메타버스에 연결하자마자 가장 먼저 실행하게 되는 앱이나 자주 많이 사용하게 되는 특정 영역의 앱을 지배하면 그것을 기반으로 다른 서비스들과 연계하는 통합 서비스 플랫폼의 구축이 가능하다. 소셜 파티 앱은 대표적인 킬러앱으로 서비스 플랫폼의 단연코 후보이다. 소셜 파티는 친구들과 만나 잡담하는 것에서 그치지 않고 다양한 활동을 함께 하는 경험을 제공한다. 게임, 공연, 영화, 음악, 쇼핑, 공부 등이 포함될 수 있다. 이 영역을 소셜 파티에서 제공하거나 그런 서비스를 제공하는 다른 외부 서비스를 연계시킬 수 있다. 소셜 파티에서 제공하는 아바타와 공간 그리고 디지털 사물들을 이용해 서비스를 구현하거나 입점시키면 플랫폼의 규모가 커지게 된다. 즉, 소셜 파티 앱에서 사용자 개인만이 아니라 다양한 서비스를 제공하려는 기업들이 입점해서 사용자들에게 서비스를 제공하면 그것이 플랫폼 즉, 생태계가 되는 것이다.

영화도 마찬가지일 것이다. 영화관처럼 다양한 공간과 스크린 등을 제공하는 메타버스 속 영화관 앱은 영화 콘텐츠를 개발, 공급하는 기업들이 입점을 해서 관람자에게 서비스를 제공할 수 있다. 입점 업체들에게 영화관의 인테리어와 공간의 디자인 그리고 각종 디지털 소품을 제공하는 것이 영화관 앱의 역할이 된다. 영화를 보고 난 이후에 비평가와 출연진과 담소를 나누는 서비스를 제공하거나 관객이 토론을 하는 등 추가 서비스를 제공할 수도 있을 것이다. 또 영화 음악이나 소품 및 의상 등을 판매하는 쇼핑 연계 서비스가 제공될 수도 있다. 이렇게 특정 영역의 킬러앱은 다양한 서비스 경험을 연계 제공하면서 서비스 플랫폼으로서 성장해 갈 수 있다.

진짜 영화관 같은 분위기를 제공하는 〈빅스크린〉 앱

쇼핑 역시 마찬가지일 것이다. 메타버스의 쇼핑앱은 온라인 쇼핑처럼 가격비교 잘해 주고, 빠른 배송에, 다양한 상품에 대한 후기를 제공하는 수준을 넘어 오프라인 쇼핑이 주는 감동을 제공할 수 있어야 한다. 쇼핑을 함께 하면서 이야기를 나누고, 옷도 아바타를 통해 입어 보고, 북적거리는 매장을 기웃거릴 수도 있고, 매대에 진열된 다양한 상품 속에서 우연히 맘에 드는 상품을 발견하는 즐거움도 제공할 수 있어야 한다. 쇼핑의 경험이 보다 감각적으로 발전하면 메타버스 속 쇼핑몰에 쇼핑 헬퍼가 필요할 수도 있다. 필요로 하는 물건을 말하면 그런 용도의 상품들이 진열된 장소로 이동시켜 주고 각 상품의 특장점을 말해 주면서 쇼핑에 도움을 줄 수 있는 상담사의 역할이 중요해질 것이다. 물론 상담사를 추천해 주는 것 또한 새로운 서비스이자 비즈니스가 될 것이다. 쇼핑 투어 상품이 생길 수도 있다. 유명한 셀럽이 안내해 주는 쇼핑 투어를 통해 여행 상품을 추천할 수도 있고, 여러 상품을 패키지로 묶어 더 저렴하게 판매하는 특가 상품 운영도 가능할 것이다. 쇼핑은 물건을 사는 경험이 아니라 쇼핑 그 자체를 경험하는 새로운 서비스로 자리 잡을 수있다. 또 실제 사지 않아도 그런 물건을 사람들에게 알리고 소개하는 것만으로도 의미 있는 콘텐츠 서비스가 되고, 상품, 브랜드를 PR하는 마케팅 비즈니스도 새로운 사업으로 주목받을 수 있게 될 것이다.

메타버스, 온오프라인을 연결하는 솔루션 비즈니스

메타버스에 대한 구성 요소, 정의는 전문가마다 차이가 있다. 적어도 내가 생각하는 메타버스는 PC나 스마트폰이 아닌 새로운 기기인 VR, AR과 같은 디지털 기기를 이용해 완전히 기존 컴퓨터, 스마트폰 사용 경험과는 전혀 다른 몰입감을 주어야 한다고 본다. 그런 메타버스에서 오프라인의 실제감과 온라인의 시공간을 벗어난 자유도를 가지고 다양한 활동을 하다 보면 필요한 것 중 하나가 바로 가치 거래이다. 그리고 가치 거래를 도와주는 코인(COIN) 즉 돈, 화폐가 필요하다. NFT는 가장 메타버스에 어울리는 궁합이다. 차별화된 경험을 메타버스가 주기 위해서는 다음 4가지의 구성 요소가 필요하다.

❶ 공간감
❷ 아바타
❸ 몰입감을 주는 상호 작용
❹ 경제 시스템

메타버스는 디지털로 구현한 가상 공간과 그 공간을 다양한 디지털 사물(Obejct)로 채우고, 그 공간을 유영하는 나의 아바타가 있어야 한다. 그 아바타는 실제 현실처럼 공간을 유영하면서 다른 아바타와 대화하고 공간 속의 물체들을 움직이며 상호 작용할 수 있어야 한다. 그리고 아바타 간에 혹은 각종 디지털 물체를 구입하거나 거래할 수 있는 경제적인 시스템을 제공해야 한다. 상호 작용을 보다 현실적이고 몰입도를 높이기 위해서 기존의 PC나 스마트폰보다는 VR 기기를 사용하는 것이 훨씬 효과적이다. 내가 정의하는 메타버스에는 ❶ 공간감과 ❸ 몰입감을 주는 상호 작용을 실현하기 위해 VR이나 AR과 같은 전용 기기가 필수적으로 필요하다.

아바타와 공간, 물체를 꾸미기 위해서는 그것을 쉽게 개발해 주는 개발툴 즉, 저작툴이 필요하다. 저작툴의 성능에 따라 더 정교하고 예쁜 디지털 굿즈(상품)를 만들 수도 있다. 이에 따라 저작툴과 이를 고도화할 수 있는 3D 모델링, 렌더링 등의 엔진 수요가 높아질 것이다. 공간에 배치된 사물들이 많아지고 아바타가 더 정교해지면 이를 표현하는 데 필요로 하는 컴퓨팅 파워도 높아지기 마련이다. 더 높은 해상도에 정교한 3D 이미지 표현을 위한 칩셋과 GPU 등에 대한 수요도 커질 것이다. 그런 인프라, 솔루션들이 모두 비즈니스의 기회이다. 이런 저작툴이나 칩셋 등이 일반 플랫폼이라 말할 수는 없지만, 하나가 아닌 여러 종류의 메타버스 플랫폼이 운영될 때에 서로 다른 메타버스에 필요로 하는 공통된 솔루션을 제공하는 기업은 B2B 플랫폼 비즈니스를 운영할 수 있다. 공통적으로 각 메타버스에서 필요로 하는 아바타를 꾸미는 기술이나 3D 렌더링 엔진, 다양한 모션을 개발하고 표현할 수 있도록 해주는 프로토콜 등을 B2B로 판매할 수도 있다. 그런 저작툴을 이용해 개발사가 개발하면 메타버스 속 서비스사들이 필요로 하는 솔루션을 중계할 수도 있다.

메타버스를 진짜처럼 만들어주는 저작툴

메타버스 속 경제 생태계와
블록체인과의 궁합

메타버스로 만들어지는 새로운 BM 혁신은 2가지의 특징을 가진다. 첫째 프로토콜 비즈니스, 둘째 토큰 이코노미이다. 기존의 인터넷 비즈니스가 플랫폼 비즈니스와 공유 경제로 대표된다면 메타버스에서는 새로운 개념과 철학으로 대전환한 것이다. 특히 이 과정에서 탈중앙화된 블록체인의 기술 특성과 메타버스가 어울려 향후 메타버스의 진화 속에 블록체인도 재평가되며 성장할 가능성이 높다.

스마트 컨트랙트를 품은 프로토콜 비즈니스

블록체인은 기존 플랫폼의 특성인 독점화의 폐해를 정면에서

도전하고 탈중앙화된 시스템으로 구현되어 있다. 즉, 특정 기업이나 기관, 국가 권력이 시스템의 정책을 바꾸거나 데이터를 임의로 위변조, 가공하는 것이 불가능하다. 한마디로 블록체인으로 구현한 시스템 참여자 모두에게 시스템의 제반 운영 규정이나 방침이 투명하게 공개되고, 사용자 합의에 의해 수정할 수 있다. 기존의 플랫폼 비즈니스는 사업 운영 과정과 서비스 운영에 대한 규정, 정책 등이 해당 플랫폼을 운영하는 운영사에 의해서 독단적으로 결정되었다. 시스템의 가입 약관이나 개인 정보의 활용 범위, 광고 등의 노출 빈도, 거래 수수료 부과 등에 대한 것을 해당 기업이 독단적으로 결정했다.

반면, 블록체인은 분산원장에 모든 데이터가 기록되며 아무리 블록체인 운영 주최사라 할지라도 데이터에 기록된 내용을 바꾸거나 임의로 생성할 수 없다. 또한 사용자 승인 없이 사용자의 월릿(지갑)에 기록된 정보에 접근할 수 없다. 그런 블록체인의 특징을 활용해 만들어진 것이 암호화폐이다. 블록체인의 탈중앙화된 특징을 100% 활용해서 개인의 지갑을 함부로 털 수도 없고, 전 세계적으로 통용 가능한 디지털 화폐를 만드는 데 이용된 것이다. 블록체인 기술을 화폐가 아닌 비즈니스 문제를 해결하는 데 이용할 수도 있다. 식품 생산과 유통 단계를 기록, 추적해 원산지와 유통 기한을 투명하게 하는 데 이용할 수 있다. 의약품의 생산과 유통 과정을 기록해

가짜 약을 차단할 수 있다. 졸업증명서와 경력증명서와 같은 신원 인증과 등기부등본, 토지대장 등의 자산 증빙, 부동산 매수나 각종 법률 관련 계약 사항 등의 서류 원본을 증명하는 용도에 이용될 수도 있다.

이렇게 분산원장에 다양한 거래 관련 약속 사항을 기록해 약속이 이루어질 때 암호화폐 거래가 승인되도록 계약 내역과 화폐 거래를 묶는 것을 '스마트 컨트랙트'라고 한다. 이더리움은 비트코인과 달리 단지 암호화폐 거래만 지원하는 것이 아니라 이와 같은 계약을 함께 기록함으로써 보다 다양한 비즈니스 거래에 활용될 수 있도록 스마트 컨트랙트를 지원한다. 이렇게 블록체인의 분산원장에 약속된 내역을 조건으로 걸어 두고 이를 화폐 거래와 연동한 것을 '프로토콜 비즈니스'라고 부른다. 프로토콜 비즈니스는 두 계약, 거래 당사자 간에 거래를 투명하게 보장하는 데 있어 제3자가 필요치 않다. 일례로 부동산 거래를 할 때 중개인 없이 매도자와 매수인이 공정하게 거래할 수 있도록 도와준다. 이것으로 중개인 수수료가 필요치 않고, 검증되지 않은 부동산 사업자의 잘못된 개입으로 발생되는 피해도 줄일 수 있다.

실제 금융 상품을 개발하고 개인 간의 대출, 주식 거래, 자산 거래 등을 하는 데 있어 프로토콜 비즈니스가 적극 도입되고 있다. 이렇게 은행이나 중간 거래자의 개입 없이 거래 당사자 간에 금융 서비스를 거래하는 것을 '디파이(Defi, Decentralized Finance의 약자)'라고 한다. 담보 대출, 보험, 데이터 분석 등 다양한 분야에서 디파이가 이용되고 있으며, 해당 디파이 영역 내에서 편리하게 이용할 수 있는 암호화폐인 '디파이 코인'도 주목을 받고 있다. 대표적으로 유니스왑, 체인링크, 테라 등이 있다. 이곳 탈중앙화된 거래소에서는 다양한 암호화폐와 법정화폐를 교환하고 자산의 거래가 가능하다. 스마트 컨트랙트를 이용하면, 제3자의 보증이나 개입 없이도 안전한 거래를 글로벌로 할 수 있다. 메타버스에서 블록체인의 프로토콜 비즈니스에 기반해 거래가 이루어지면 보다 안전하면서 투명하고 공정한 거래를 담보할 수 있다. 일일이 메타버스 사업자가 개입하고 관여하지 않아도 개인 간의 합리적인 거래를 보장해 줄 것이다.

NFT로 만들어진 토큰 이코노미

특정 인터넷 기술이 이렇게 대중의 관심을 받았던 적이 있었나 싶을 정도로 블록체인 기술 기반의 암호화폐는 3년 전부터 뜨거운 감자다. 특히 코로나19로 시중에 자금이 풀리면서 갈 곳 잃은 돈이 암호화폐에 몰린다. 3년 전 비트코인과 ICO가 탐욕의 기술로 주목받은 것처럼 다시 욕망의 중심에 서고 있다. 심지어 2021년 제2의 암호화폐 광풍에는 공매도 세력, 전문 투자 기관 그리고 테슬라의 CEO인 앨런 머스크와 같은 비즈니스맨들도 뛰어들어 더 큰 폭으로 시세가 출렁인다.

하지만 다시 등장한 암호화폐가 지난 번과 비교해 진화도 없고 그 어떤 새로움도 보여주지 못하고 있는 것은 아니다. 암호화폐는 그 어떤 가치도 갖지 못한 채 그저 투기의 수단일 뿐이라는 주홍글씨가 새겨져 왔다. 욕망의 기술로만 치부되던 블록체인을 특정 국가나 기관, 기업의 개입이나 특권을 가진 집단의 보증 없이도 다양한 종류의 자산을 각양각색의 조건으로 금융 서비스화하는 데 이용함으로써 디파이 코인, NFT 등의 이름으로 도약했다. 실제 2021년 3월 11일 미국 크리스티 경매에서는 '비플(Beeple)'이라는 예명의 디지털 아티스트 마이크 윈켈만의 디지털 작품인 '매일: 첫 5000일(Everydays: The First 5000 Days)'이 우리 돈 785억 원에 낙찰됐다.

가로 21,069 x 세로 21,069 해상도
총 5,000개의 이미지로 구성된 300MB의 JPG 파일
'매일: 첫 5000일'
(Everydays: The First 5000 Days)'

이 작품을 낙찰받은 구매자는 약 750억 원 상당의 빈센트 반 고흐의 〈턱수염이 없는 자화상〉처럼 41×32.6cm 유화로 그린 캔버스를 소유하게 된 것이 아니다. 수백억 원에 구매한 이 작품은 300MB 용량의 JPG 파일이다. 심지어 작가가 원본 파일을 준 것도 아니다. 그가 받은 것은 작가가 소유권을 보증해 준다는 정보를 담은 블록체인에 기록된 데이터일 뿐이다. 이 데이터에 기록된 것은 작품의 소유권과 가치 그리고 향후 거래와 사용에 대한 계약 조건 및 거래 이력에 대한 정보다. 이것을 NFT(Non-fungible token, 대체 불가능한 토큰)라고 부른다. 여기서 주목해야 할 점은 3가지다. 만일 NFT가 없다면, 구현상의 어떤 어려움이 있을까?

❶ 작품을 판매하려는 사람과 구매하려는 사람 사이에서 계약 사항을 체크하고 합의를 중계해 주는 신뢰를 가진 사람을 가장 먼저 찾아야 한다. 그 역할이 중요한 만큼 수수료도 높을 뿐 아니라 추후 문제가 생기지 않게 계약서와 원본임을 공증하는 서류와 이를 증명하는 과정의 번거로움이 상당히 커 시간과 비용이 꽤 들어간다. 그런 중계자를 찾는 것 또한 숙제다.

❷ 작품 판매가 된 이후 수년이 흘러가면서 후에 누가 구매를

했고, 그 과정상에 원작자 혹은 구매자를 사칭해서 잘못된 사기 거래가 이루어질 수 있지만 그것을 추적 파악하기가 어렵다. 또한, 최초 구매자 이후 거래 내역 및 최종 소유자가 누구인지에 대한 정보 파악도 어렵다.

❸ 그전에 중요한 것은 NFT가 없었다면, 디지털 파일을 이렇게 거래할 생각조차 하지 못했을 것이다. 누가 인터넷에서 컴퓨터나 스마트폰에 저장 가능한 JPG 파일을 돈 주고 사려고 하겠는가? 복사하면 누구나 소유 가능한데, 이것이 NFT가 가져다준 관점의 변화이다.

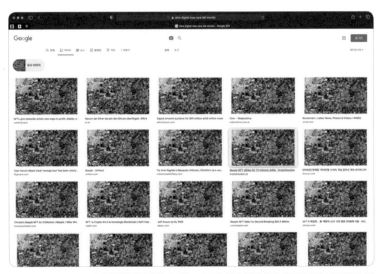

구글 검색으로 찾을 수 있는 785억 원에 거래된 디지털 작품의 수많은 복사본

NFT는 자산의 창작자나 소유주가 해당 자산의 소유, 사용 등에 대한 권리를 담은 보증서와 그 자산이 저장, 기록된 장소를 지칭하는 정보를 담고 있다. 또한 그 권리증을 쉽게 유통 즉, 거래할 수 있도록 거래 가격을 담고 있어 토큰화된 이 데이터를 타인에게 양도하기가 쉽다. 한마디로 판매자와 구매자가 합의만 하면 이 모든 정보를 담은 보증서가 중계자 없이 즉시 거래될 수 있다. 또 그렇게 거래된 내역들은 기록되어 공개되기 때문에 제3자가 사칭해서 이 자산에 대한 권리를 훔치거나 위조해 거래하는 것이 원천적으로 불가능하다. 이것이 가능하게 된 이유가 블록체인의 분산원장에 스마트 컨트랙트와 암호화폐의 거래 내역이 기록되기 때문이고, 이를 위해 이더리움이 널리 이용되고 있다.

이렇게 블록체인의 암호화폐는 3년 전과 달리 비즈니스 솔루션으로서 기존에 할 수 없었던 용도로 다시 태어나고 있다. 탈중앙화된 금융 서비스를 지향하는 다양한 종류의 디파이 코인도 그렇게 진화의 산물이 되고 있다. 물론, 솔루션으로서의 가치보다 투기로서의 탐욕을 우선시해 암호화폐를 바라보는 투기꾼들이 존재하기 때문에 앞으로 NFT와 같은 암호화폐 기술이 지속 가능할지는 지켜봐야 한다. 하지만 틀림없이 3년 전과는 다른 모습으로 블록체인을 다시 들여다 봐야 하는 것은 분명하고, 앞으로 어떻게 진화를 하느냐에 따라 신기루가 아닌 신세계가 될 것임은 자명하다.

　일례로 NFT로 구매한 디지털 작품이 실제로도 가치가 있으려면 양도받은 디지털 작품에 대한 권리를 다양하게 행사할 수 있는 사용처가 있어야 한다. 작품을 콜라보로 수정, 오마주할 수 있어야 하고 그렇게 재창조된 작품들을 통해 발생된 수익은 원작자, 소유자 그리고 편집자들이 공정하게 나눌 수 있어야 한다. 더 나아가 누구나 다운로드해서 볼 수 있는 디지털 작품을 PC나 스마트폰 등의 개인기기가 아닌 방송, 디지털 액자 그리고 VR 등의 메타버스 공간과 가상 액자 및 디지털 사이니징과 공공장소 등에서 사용되도록 사용권과 합당한 가격으로 거래할 수 있어야 한다. 해당 디지털 자산이 소유권자의 허락 없이 이용되지 못하도록 하는 보안(DRM) 기술도 접목되어야 할 것이다. 물론 NFT가 디지털 작품을 넘어 보다 다양한 사물과 오프라인 자산과도 연계될 수 있는 확장성도 중요하다.

　블록체인이 만들어 낸 디파이 코인, NFT는 기존의 화폐가 주지 못했던 가치와 기존 시스템에서는 불가능했던 것을 가능하게 해 주면서 혁신을 보여 주고 있다. 그 혁신은 메타버스에서 더욱 빛을 발할 수 있을 것이다. NFT로 구매한 디지털 작품은 메타버스 공간에서 전시를 해서 관람료를 받을 수 있을 것이다. 또한 그 작품의 사본을 개인의 메타버스 거실 공간에 걸어 둘 수도 있다. 오프라인 현실보다 메타버스 디지털 공간은 데이터의 추적과 관리가 용이하기 때문에 그 작품을 약속된 범위를 넘어서서 이용하지 못하도록 제재를 가하거나 가상 공간에 걸어 둘 수 있는 시간을 제한할 수도 있다. 즉, 원본은 물론 사본의 거래를 규제하고 추적할 수 있으며, 그것을 사용하는 방식을 사적 공간에서 액자로만 사용하게 할 수도 있고, 함부로 촬영을 하지 못하게 할 수도 있는 것이다. 그것이 메타버스와 NFT가 찰떡궁합인 이유다.

진짜 명화 원본을 내 집에 걸어 둘 수는 없지만
NFT로 구매한 디지털 작품은 내 가상 환경에 걸어 둘 수 있다.

또 오프라인에서 기념비적으로 발생한 이벤트를 평생 기록으로 남기고, 그 기록의 원본을 NFT로 증명함으로써 이를 거래하는 'NFT 마켓플레이스'도 주목을 받고 있다. 대퍼랩스(https://www.dapperlabs.com)라는 블록체인 게임 개발사는 다양한 분야의 영역에서 관련 기업, 단체와 제휴를 맺고 오프라인 혹은 온라인에서 기념할 만한 장면이나 역사적 이벤트를 영상, 사진 혹은 관련된 사람의 사인 등과 같은 디지털 정보로 기록해서 NFT로 발행, 거래하는 서비스를 선보였다. 한마디로 오프라인에서 판매하던 스포츠 카드를 디지털화하여 매매하는 것이다. 오프라인 카드와 다른 점은 디지털로 구현돼 인터넷에서만 볼 수 있는 가상의 카드라는 점이다. 하지만 NFT로 발행해 유일한 원본임을 증명할 수 있어 복제가 불가능하며 타인과 거래하는 것이 자유롭다. 그래서 일부 카드는 수억 원에서 10억 원에 판매되기도 한다. 이렇게 구입한 디지털 카드를 내

NBA의 기념비적 골 장면을 NFT화해서 판매

메타버스 공간에 전시할 수 있다면 그 쓰임새가 더욱 커진다. 내 공간을 방문한 사용자들이 이를 보고 사본을 구매하거나 즉시 거래할 수 있는 기회가 생길 것이다.

반대로, NFT로 인기리에 판매된 디지털 예술품이 거꾸로 오프라인에서도 전시가 되어 가상의 온라인이 현실의 오프라인에 영향을 줄 수 있다. 향후 메타버스에서 인기리에 판매된 옷이나 액세서리, 예술 작품이 오프라인에서 사본의 형태로 팔릴 수도 있을 것이다. 오히려 온라인이 오프라인을 선도하는 역할을 해낼 수 있다.

디지털 인기 작품이 오프라인에도 전시

Chapter 2

모든 산업에 영향을 줄
메타버스

메타버스는 ICT 관련 기업인 삼성전자, 네이버, 카카오, 쿠팡, SKT 등의 비즈니스에만 영향을 주는 것은 아니다. 기존의 웹이나 앱으로 사업을 하던 모든 기업 그리고 오프라인 전통 기업들에게 새로운 기회와 위기를 가져다줄 수 있다. 미디어 시장을 급습한 포탈과 유튜브, 유통 시장에 지각 변동을 일으킨 G마켓, 쿠팡 그리고 전 세계 택시 시장을 뒤흔든 우버처럼 메타버스는 새로운 기회이자 위기이다. 사실 스마트폰이 상가 수첩을 몰락시킨 배달의민족과 같은 새로운 사업 기회를 만들어 줄지 누가 알았겠는가? 메타버스는 더 많은 영역에서 새로운 변화와 사업 기회를 만들어 줄 것이다.

4C 인터넷 비즈니스의 재탄생

인터넷 비즈니스는 4C로 요약된다. 미디어와 게임, 뉴스, 음악, 영화, 영상, 블로그 등의 콘텐츠(Content). 카페와 싸이월드, 페이스북, 밴드와 같은 커뮤니티(Community). 메일, 채팅, 메신저, 화상통화와 같은 커뮤니케이션(Communication). 그리고 경매, 오픈마켓, 쇼핑몰의 커머스(Commerce). 최근 들어 이 네 가지로 구분되는 인터넷 서비스의 경계가 흐려지고 있다. 인스타그램은 콘텐츠이면서 커뮤니티고, 커뮤니케이션과 커머스의 요소까지 모두 갖추고 있다. 위챗이나 카카오톡만 해도 커뮤니케이션이면서 커머스, 콘텐츠, 커뮤니티의 기능이 포괄적으로 내재되어 있다. 메타버스도 이 같은 네 가지의 영역이 이후 혼재되겠지만 본질적으로 이 네 가지 영역에서 색다른 경험을 제공해 주게 될 것이다.

주목할 점		기회
• 현실같은 현장감 • 현실을 넘는 몰입감 • 인터넷 경험의 오감화		• 4C 혁명(www, 모바일) • 새 서비스 → 새 사업 • 마케팅, 생산, 작업 효율성 • 교육 , 오락 변화 체험

메타버스의 특징과 사업 기회

무엇을 보는지에서
어떻게 누구와 보는지로 바뀌는 콘텐츠

메타버스에서 만화, 뉴스, 음악, 영화, 영상을 보는 경험은 어떻게 바뀔까? 종이 만화책으로 보던 만화와 웹툰이 다른 점은 무엇보다 종이를 넘기며 보는 것이 아니라 마우스 휠버튼을 돌리며 본다는 것이다. 보는 방법이 바뀌다 보니 웹툰 제작 방식과 연재 방법도 바뀌게 되었다. 특히 웹툰 아래의 댓글을 통해 독자 반응을 살피면서 창작할 수 있다는 특징을 가지게 되었다. 메타버스에서의 만화는 어떻게 보게 될까? 뉴스는 어떻게 볼 수 있을까? 메타버스의 특징은 현실과 같은 공간 속에서 오감을 다 느끼며 인터넷 서비스를 이용할 수 있다는 것이다. 메타버스에서도 웹 브라우저를 열 수 있어 PC에서 보던 대로 포털이나 블로그 등의 글을 볼 수 있다. 즉, 웹툰 역시 PC처럼 메타버스에서도 큰 브라우저 창을 열어 큰 화면으로 볼 수 있다. 음악도 영상도 마찬가지다. 멜론, 유튜브 등에 연결해 음악이나 영상을 브라우저로 듣고 볼 수 있다. 조금 더 편리하게 제공하려면 메타버스 내 전용 앱을 개발하면 된다. 하지만 이렇게 보는 콘텐츠는 메타버스의 제 맛을 제대로 살리는 것이 아니다.

정보를 전달하는 뉴스 등의 콘텐츠를 메타버스에 맞게 제작하려면 상당한 개발 비용과 디자인 시간이 들어갈 것이다. 그래서 모든 콘텐츠가 메타버스에 최적화되어 제공되기는 어렵다. 다만 브라우저든, 좀 더 편리한 메타버스 앱이든 뉴스 콘텐츠를 혼자 보는 것이 아니라 함께 보거나 해당 뉴스에 대해 대화하는 서비스가 부각될 것이다. 뉴스 댓글, 유튜브 라이브 댓글처럼 뉴스를 해설해 주고 토론하고, 관련 뉴스를 해설자가 추천해 주는 등 함께 뉴스를 보는 방식이 메타버스와 어울린다. 물론 웹툰이나 영상 등의 경우 3D로 입체적으로 볼 수 있게 개선될 수 있다. 평면적으로 콘텐츠를 보는 것이 아니라 3차원 입체로 공간의 깊이와 방향을 느끼면서 이들 콘텐츠를 보는 색다른 체험이 제공될 것이다. 웹툰의 모든 장면을 3차원으로 만들 수는 없지만 주요 장면 속의 인물이나 대사, 특정 사물을 위아래 좌우 여러 각도에서 보다 자세하게 살펴볼 수 있을 것이다. 이미 유튜브 VR은 360도로 입체적으로 영상을 보는 기능을 지원하고 있다.

음악만 해도 가만히 듣기만 하는 것이 아니라 아바타를 이리저리 움직여가면서 들을 수 있어 공간에 따라 선곡되는 음악이 달라질 수 있다. 마치 싸이월드의 미니홈피에 방문하면 홈피마다 서로 다른 음악이 재생되는 것과 같다. 또한, 공간에 배치한 스피커의 위치와 아바타의 방향에 따라 귀에 들리는 음악도 달라져 공간감을 느낄 수 있을 것이다. 메타버스는 녹음이나 녹화된 것을 재생하는 것보다 실시간에 최적화된 특성을 가지고 있다. 즉, 가수의 즉흥 공연이나 라이브바 등 특별한 공간에 정해진 시간에 모여 함께 음악을 듣고 떼창을 하는 음악 서비스로 진화할 것이다.

합주를 하며 음악을 함께 즐길 수 있는 〈코나미 비트 아레나(Konami BEAT ARENA)〉 서비스

이미 메타버스에서 영화를 보는 방법은 〈빅스크린(BigScreen)〉 등의 앱에서 보듯 나홀로 관람이 아니라 공간을 꾸며 놓고 사람들을 초대해 함께 보는 경험을 제공한다. 〈빅스크린〉은 영화의 종류보다 메타버스 공간에서 누구와 어떻게 보느냐에 특화된 서비스이다. 같은 영화를 보더라도 어떤 공간에서 누구와 보느냐에 따라 영화의 감동이 달라진다. TV나 PC 모니터로 보던 넷플릭스 영화가 메타버스에서는 자동차 극장, 아이맥스 영화관, 개인 별장 속 홈시어터, 침대에 누워 연인과 함께 보는 개인 영화관 등으로 다양해질 수 있다. 또한 서너 명에서 수백 명, 아니 수천 명과 함께 관람할 수 있다. 관람 중에 가벼운 수다나 토론도 가능하다.

공간 속에서 함께 즐기는 커뮤니티

모바일에서의 커뮤니티 서비스는 페이스북, 인스타그램 외에 틱톡, 밴드, 카카오아지트 등 다양하다. 밴드와 카페의 다른 점은 무엇일까? 모바일에 최적화된 밴드는 간결한 메시지 입력과 사진, 영상 중심으로 구성되었다는 것 외에 주로 지인들과 친목 도모 목적으로 사용된다. 카페는 특정 주제 중심으로 모르는 사람과도 정보를 주고받을 수 있는 차이가 있다. 웹에서 제공되던 카페와 모바일로 제공되는 밴드의 시작점이 다르다 보니 화면 디자인이나 주요 기능 그리고 사용 목적에 있어 차이가 발생하는 것이다. 메타버스 역시 어떤 종류의 커뮤니티가 주목받게 될지 생각해 보면, 가장 큰 차이점은 바로 '실시간'이다. 기존의 카카오톡이나 위챗처럼 커뮤니케이션 즉, 메신저가 아닌 이상 커뮤니티 서비스는 비동기식으로 운영되어 왔다. 카페나 밴드에 글을 올리면 불특정 혹은 특정 다수가 다른 시간대에 본다. 둘 혹은 그룹이 실시간으로 채팅창을 통해 대화하는 것이 아니다. 반면, 메타버스는 연결하는 순간부터 아바타로 공간을 돌아다니며 사람을 만나 함께 이야기하면서 경험을 나누게 된다. 메타버스 커뮤니티는 각 공간이 주는 경험으로 커뮤니티의 주제나 특성이 결정될 것이다. 일례로 독서 토론, 영화, 취업 준비 모임 등 불특정 다수에 의해 특정 주제나 목적을 다루는 커뮤니티들이 안성맞춤일 것이다.

이러한 커뮤니티를 운영하기 위해서는 기존과 다른 여러 기능들이 필요하다. 우선 각 커뮤니티의 분위기에 맞게 공간을 꾸미고 가구나 액자 및 소품을 배치할 수 있어야 한다. 또한, 정해진 시간에 연결해서 함께 실시간 이야기를 나눠야 하므로 스케줄과 알람 기능이 중요하다. 모든 것이 다 실시간으로 이루어질 수는 없기 때문에 게시글, 메모, 사진 및 자료 등을 등록해 두고 언제든지 살펴볼 수 있는 게시판 기능도 중요하다. 게시글 역시 메타버스 특성에 맞게 내용을 살펴볼 수 있어야 한다. 학생회관이나 도서관 앞의 대자보 게시판이나 학생 식당, 동아리방 주위의 게시물 공고판과 같이 메타버스 공간에 주요 게시물을 볼 수 있어야 한다. 또 도서관 서가의 잡지나 신문, 책상 서랍 안의 서류 뭉치처럼 공간의 특성을 고려한 게시판이 필요할 것이다. 서류함이 있으면, 스마트폰이나 PC로 게시물이나 자료를 좀 더 자세하게 볼 수 있을 것이다.

다양한 공간 속에서 회의와 토론을 할 수 있는 〈스페이셜(Spatial)〉

특히 접근 방식은 커뮤니티라는 메뉴를 통해서가 아니라 특정 건물이나 공간을 중심으로 커뮤니티, 커뮤니케이션, 콘텐츠 등의 서비스들을 통합, 제공하는 형태가 될 것이다. 예를 들어, 삼성전자 가전기기 체험관에서 다양한 종류의 기기를 보고 상담할 수 있고, 이미 제품을 구입한 사용자 간에 리뷰방에서 제품 활용과 팁을 공유하는 커뮤니티가 만들어질 수 있다. 또한, 삼성전자 오븐을 이용해 음식을 조리하는 방법을 안내하는 학습 커뮤니티가 매주 열리거나 내가 보유한 삼성전자 가전기기를 전시하면서 제품의 장단점을 알아보고, 전문 기사를 통해 청소나 관리, 고장에 관한 안내도 소개받을 수 있을 것이다. 오프라인에 비해 번거로움이 덜하고 시간 제약이 없으며, 관심사를 공유하는 사람 간의 모임을 메타버스 커뮤니티를 통해 대신할 수 있을 것이다.

아바타를 이용한 공감각적인 커뮤니케이션

카카오톡 문자나 전화, 이메일은 누구를 상대하는지 분명하다. 카카오톡의 오픈채팅이나 그룹채팅은 보통 주제별로 마련된 방에 모르는 사람들이 모인다. 메타버스의 커뮤니케이션은 어떻게 구현될까? 가장 큰 차이는 아바타가 나를 대신한다는 점이다. 아바타가 머무는 공간이 바로 대화를 나누는 공간이 된다. 대화는 텍스트는 물론이고 음성과 아바타의 모션, 표정 등으로 풍부함이 더해질 것이다. 특정 공간에 모여 아이디나 메일 주소가 아닌 그 사람의 아바타를 보면서 대화를 나눌 수 있다. 내 아바타를 움직여 근처로 이동해 말을 걸 수도 있고, 연단에 올라 여러 명을 대상으로 이야기 보따리를 풀 수도 있으며, 칵테일 대화를 나누듯 삼삼오오 모여 담소를 즐길 수도 있닷. 근처에 있는 아바타의 목소리는 크게, 멀리 떨어진 아바타의 목소리는 작게 들릴 것이다. 오른쪽 아바타의 목소리는 오른쪽 이어폰에서, 왼쪽은 왼쪽 이어폰에서, 앞에 있는 아바타의 소리는 앞쪽에서 들리면서 소리의 공간감이 구현된다. 의사나 감정을 표현함에 있어서 말, 모션, 표정을 사용할 수 있는 것에 덧붙여 대화 도중 디지털 물건을 선물하거나 진열함으로써 색다른 메시지를 전달할 수도 있다. 즉, 커피를 대접하거나 명함을 주고받고, 디지털 액자를 선물할 수도 있다.

밀도 있는 대화도 가능해진다. 스마트폰 속 사진이나 유튜브 영상을 가져와 보여주면서 대화의 농담을 조절할 수 있다. 3D로 스캔한 사진을 불러와 함께 보는 것도 가능하다. 문서를 큰 스크린에 띄워 검토하는 등 가벼운 수다부터 생산적인 업무를 위한 커뮤니케이션도 가능하다. 즉, 메타버스 커뮤니케이션 서비스가 협업 수단이 될 수 있다. AR을 이용할 경우, 재택 근무하는 동료를 불러와 바로 회의실 의자에 앉혀서 함께 이야기를 나눌 수도 있다. 양손과 몸집, 얼굴 방향과 시선을 인식할 수 있어 실제 눈 앞에 있는 것처럼 현장감 있는 대화가 가능하다. 사실 줌(Zoom) 등을 이용한 커뮤니케이션은 모두 평면 사각 틀 안에 얼굴만 보고 진행하기에 단조롭고 감정과 대화의 속뜻, 진정성을 알기 어렵다. 반면, 메타버스 속 커뮤니케이션은 나의 아바타를 이용해 보다 몰입감 있는 대화를 할 수 있다. 앞으로 메타버스의 입력 장치가 개선되고, 센싱 기술이 진화되면 아바타의 행동과 표정을 현실처럼 재현해 사실감 넘치는 커뮤니케이션도 가능해질 것이다.

홀로렌즈를 통해 사람과 아바타가 섞여서 회의

오프라인 쇼핑이 주는 즐거움을 품은 커머스

온라인 쇼핑은 백화점이나 시장처럼 원하는 상품을 찾기 위해 발품 팔며 여기저기 돌아다니지 않아도 된다. 또, 언제든 검색어만 입력하면 최저가와 다양한 상품 후기 정보를 볼 수 있어 합리적 쇼핑이 가능하다. 포인트, 쿠폰 그리고 할인까지 해서 최저가로 구입할 수 있고 오프라인처럼 힘들여 물건을 들고 오지 않아도 된다. 편리하고 효율적인 온라인 쇼핑을 두고 우리는 왜 여전히 백화점, 시장, 마트에서 물건을 사는 걸까? 오프라인 쇼핑이 주는 즐거움이 크다. 비록 발품을 팔고 정보가 부족하지만, 백화점 곳곳을 걸으며 눈길 가는 매장과 상품을 우연하게 발견할 수 있다. 또한, 친절한 매장 직원의 도움으로 제품 정보를 즉시 얻을 수 있고 최근 인기 상품에 대한 안내도 받을 수 있다. 친한 친구나 가족, 연인과 함께 쇼핑을 하는 즐거움도 있다.

메타버스의 쇼핑은 오프라인 쇼핑이 주는 이런 즐거움과 온라인 쇼핑의 효율성이 합쳐진 것이어야 한다. 상품들이 썸네일 이미지와 텍스트로 촘촘히 보여지는 비효율적인 상품 진열이 아닌 멋스러운 공간에 주요 상품들이 진열되고, 상품 앞에 다가서면 상품에 대한 평점과 가격 등이 나타나고, 상세 설명을 요청하면, 상담사가 나타나 세부 설명과 할인 행사 등의 정보를 안내해 준다. 다른 상품의 추천을 부탁하면, 내 아바타를 이끌고 매장 곳곳을 돌아다니면서 안내하고 여러 상품들을 설명해 준다. 상품을 장바구니에 넣고 가격 비교를 하면 해당 상품을 판매하는 다른 매장에 대한 정보와 함께 즉시 해당 매장으로 이동해 상품 및 행사 정보 등을 안내 받을 수 있다.

또한, 메타버스는 오프라인 상품만이 아닌 메타버스에서 사용 가능한 디지털 상품도 거래할 것이다. 가상 환경의 공간을 꾸미는 배경과 벽지, 가구와 액자 등을 구매할 수 있다. 디지털로 구현되어 메타버스에서 사용할 수 있는 상품이다 보니 내 가상 공간에 놓고 체험해 볼 수도 있다. 상품의 구매도 1주일 후 구매 확정을 하는 것부터 매월 사용료를 내는 방식까지 다양할 수 있다. 디지털 상품이라 소프트웨어가 업그레이드되면 해당 상품의 디자인이나 화질, 색상이 변하는 새로움도 느낄 것이다.

엔터테인먼트 산업의 대전환

메타버스로 인해 새로운 엔터테인먼트 산업의 기회가 찾아왔다. 게임은 물론 공연, 콘서트 그리고 디지털 아트를 즐기는 새로운 문화가 등장할 것이다. TV로 인해 뉴스 방송, 드라마, 예능 프로그램이 싹튼 것처럼 메타버스는 엔터테인먼트 산업의 혁신과 진화를 이끌 것이다. 특히 교육업도 변화의 기회가 왔다.

내 몸이 조이스틱이 되어 빠져드는 게임

닌텐도의 〈위(Wii)〉가 기존 게임기와 달랐던 점은 가족 모두가 함께 즐길 수 있다는 것과 조이스틱이 아닌 내 온몸을 이용한다는 점이었다. 메타버스는 온몸과 시각, 청각 등의 오감이 인터넷 공간 전체로 풍덩 들어가 게임을 넘어 다양한 인터넷 서비스를 사용하게 된다. 게임도 실제 나와 나의 아바타 중 누가 하는지 헷갈릴 정도로 뛰어난 몰입감으로 진행할 수 있다. PC나 TV 게임기, 스마트폰으로 즐기는 게임은 기기를 놓는 순간 게임 밖으로 나갈 수 있지만, 메타버스 게임은 현실 세계와 차단한 VR 기기 혹은 현실에 디지털을 입혀 주는 AR 기기로 즐기기 때문에 몰입도가 뛰어날 수밖에 없다.

메타버스 게임을 10분이라도 즐겨본 사람은 그 현장감과 입체감에 놀란다. 또한, 기존의 스마트폰 등으로는 흉내낼 수 없는 다양한 장르의 게임들이 즐비하다. 그런데 메타버스 게임이 주는 특징은 양손, 머리, 시선 등의 신체 움직임을 인식해 게임에 반영한다는 것이다. 역동적일 수밖에 없다. 그리고 게임 전후 이용자들과 대화를 나누고, 게임 랭킹 등을 확인하는 즐거움이 크다. 골프장에 가는 즐거움이 아침 일찍 집을 나서, 주변 경치를 보면서 골프를 치고, 걷고, 이야기하는 것부터 경기 종료 이후에 식사와 음료를 나누는 것까지 포함하는 것처럼 메타버스 게임도 그런 여유와 즐거움이 있다. 이런 장치를 게임 속에 어떻게 구현하느냐에 달렸지만.

메타버스 게임은 게임에서 시작해 다른 인터넷 서비스로 영역이 확장되기도 한다. 메인이던 게임이 뒤로 가고, 게임에서 만난 이들과 친구가 되어 대화를 하고, 게임 이외의 활동을 함께 하는 것으로 목적이 다변화되는 것이다. 그간 게임은 오락실, 가정용 게임기, PC용 게임, 모바일 게임 등으로 꾸준히 진화했다. 하지만 메타버스로 인한 게임의 변화는 기존의 그 어떤 기기 속 게임보다 크고, 새로운 인터넷 서비스로의 마중물 역할을 제공할 것이다. 즉, 시간 낭비, 소비적 성향으로 취급받던 게임이 온라인 사회 활동, 친목 활동, 운동, 교육 등의 수단으로 기능의 다양화가 이뤄질 것이다.

메타버스의 인기 게임으로 주목받는 〈비트세이버〉나 〈더 클라임2〉는 온몸을 땀으로 젖게 만들 만큼 운동 효과가 있다. 비트세이버는 음악에 맞춰 양손으로 레이저 빔을 쏴서 블록을 자르는 게임이다 보니 저절로 운동을 하게 만든다. 〈더 클라임2〉는 암벽 등반 게임으로, 고개를 들어 산 정상을 보면서 양손으로 벽 틈을 잡고 기어오르고 점프를 하면서 산 위로 오르는 체험을 하게 해준다. 리얼 VR 피싱은 낚시 게임으로 앞의 게임들처럼 역동적이지는 않지만 한적한 강이나 호수에서 여유롭게 낚시대를 드리우고 입질이 오면 잽싸게 챔질을 하고 휠을 돌려 물고기를 낚는다.

손에 땀이 나는 등산, 암벽 등반 게임 〈더 클라임(The climb)〉

아바타로 대신 즐기는 디지털 공연과 콘서트

유튜브나 위버스 등 동영상 서비스로 온라인 콘서트를 즐기면 어디서든 편하게 관람한다는 장점은 있지만 오프라인에서 느끼는 열기와 땀이 흠뻑 젖는 몰입감은 없다. 메타버스는 아바타와 360도 뷰를 통해서 오프라인의 현장감을 느낄 수 있도록 도와준다. 실제 공연장보다 더 환상적으로 꾸며진 디지털 공연장에서 아바타의 시선으로 가상 공간을 돌아다니며 가수와 배우의 공연을 볼 수 있다. 기존의 온라인 공연이 평면적인 동영상 콘텐츠라면, 메타버스 공연은 내가 바라보는 시선에 따라 얼마든지 입체감을 느낄 수 있다.

물론 메타버스 속에서 공연하는 가수도 아바타의 형태라 사실감은 떨어진다. 하지만 다양한 무대 장치와 실사 동영상, 그리고 비록 아바타지만 실제 가수의 아이덴티티를 기반으로 팬과 소통하기 때문에 입체감과 몰입감을 느끼기엔 충분하다. 또, 메타버스 속에는 압도적인 크기의 디스플레이가 있어 PC나 TV보다 사실감이 높다. 이렇게 대형 디스플레이와 3D 입체 영상, 아바타와 공연장 연출, 오브젝트 활용 등 기존의 온라인과 오프라인에서는 찾아보기 어려운 새로운 공감각적인 입체감을 느껴볼 수 있다.

　　코로나19로 인해 공연, 콘서트 시장이 직격탄을 맞았고, 그 대안으로 온라인 콘서트가 떠올랐다. 오프라인보다 시공간의 제약이 없어 전 세계의 팬을 대상으로 하는 장점을 가진다. 하지만 팬의 입장에서 보면 온라인 콘서트는 오프라인만큼의 열정을 찾는 데 한계가 있다. 대신 메타버스를 이용한 콘서트는 가수와 팬 사이에 형성된 관계를 기반으로 오프라인으로는 경험하기 어려운 다양한 형태의 소통을 할 수 있다. 가수와 팬의 아이덴티티가 내재화된 아바타로 서로 악수하고, 함께 무대 위에서 춤을 출 수 있다. 메타버스 무대 위에서 입었던 셔츠와 모자 등의 소품을 복제해서 공연에 참석한 청중에게 나눠줄 수도 있다. 오프라인으로는 불가능했고, 기존 온라인에서는 제한적인 기능이 메타버스로 가능해지고 풍성해진다.

〈제페토〉에 등장한 명품 구찌의 옷과 가방

특히 메타버스에서 공연, 콘서트를 통한 디지털 비즈니스 모델은 다양하게 확장될 수 있다. 디지털 굿즈를 보다 효과적으로 홍보, 판매할 수 있다. 가수 아바타의 옷이나 액세서리를 판매하고, 공연 중 가수와 함께 한 팬의 모습을 영상이나 사진을 찍어 액자에 넣어 판매하는 것도 가능하다. 이들 디지털 굿즈는 거래 비용이 거의 제로에 가깝고, 최소 비용으로 생산해 무한 복제 판매가 가능하다. 게다가 팬의 입장에서는 가수의 사인이 있는 디지털 굿즈를 추억으로 저장해 두었다가 세상에 하나 밖에 없는 나만의 굿즈로 제작할 수 있다. 가수와 함께 메타버스에서 셀카도 찍을 수 있다. 또 가상 공간의 디지털 굿즈는 오프라인 굿즈로, 옷이나 신발, 액세서리, 가방 등의 오프라인 굿즈는 디지털 굿즈로 재제작되거나 구입할 수 있다. 가수의 아바타가 광고를 하거나, 디지털 응원 도구를 유료 아이템으로 판매하는 것도 가능하다.

가상 즉, VR이 아닌 AR을 이용해 실제 오프라인 공연에서 메타버스를 연계하는 색다른 공연 경험도 생각해 볼 수 있다. 오프라인 공연장에 참여한 팬들에게 오프라인과 AR이 하이브리드된 공연을 선택 옵션으로 주면, AR 글래스를 주고 프리미엄 요금을 받을 수 있다. AR로 공연장에 입장하면 실제 공연 장면과 함께 내가 좋아하는 아이돌의 특정 멤버만 더 도드라지게 표시되어 놓치지 않고 볼 수 있도록 해줄 수 있다. 또한, 공연장에서 내가 본 모든 장면들을 AR로 녹화한 후 클라우드에서 내려받는 것도 가능하다. 아이돌이 춤을 추며 제스처를 취할 때마다 디지털로 남은 잔상이 나에게 다가와 공연의 열기를 더욱 뜨겁게 느낄 수 있도록 해줄 수도 있다. 아이돌의 아바타가 바로 내 옆에서 춤을 추며 공연에 흠뻑 취하도록 만들어 주는 것도 가능하다. 공연 도중 하늘로 쏜 축포, 불꽃놀이에 내 이름이 새겨지고 좋아하는 멤버에게 응원 메시지와 제스처가 전달되어 그 멤버가 AR로 보고 화답하는 것도 가능할 것이다.

이미 〈포트나이트〉, 〈로블록스〉 등 10~20대가 즐기는 게임에서는 콘서트 공간을 꾸며 가수의 아바타가 메타버스 공연을 하고 노래를 부르는 이벤트가 종종 진행된다. 콘서트의 주된 타깃인 MZ세대가 자주 사용하는 게임이 메타버스 콘서트의 채널이 되는 셈이다. 이들 게임이 주는 3D, 공간, 아바타 등의 입체적인 디자인 덕분에 콘서트를 열기에 적합하다. 앞으로 최적화된 콘서트 서비스와 게임 내에서의 콘서트 중 그들의 차별화 전략에 따라 메타버스 콘서트 킬러앱의 주도권이 달라질 것이다. 특히 VR, AR기기를 이용해 최적의 경험을 제공하는 것도 중요하게 대두될 것이다.

실제처럼 체험하는 사실적인 교육

가장 효과적인 교육은 무엇일까? 동료와 함께 관련 실전 업무를 통해 배우는 것이 가장 학습 성과가 높다. 하지만 대부분의 교육은 강사 한 명에 수십 명의 교육생이 강의장이든 온라인에 모여서 일방적인 주입식으로 진행된다. 이런 방식의 학습은 학습 효과가 떨어진다. 교육생의 수준이 모두 다르고, 가만히 지켜보기 때문에 주고받는 반응, 소통이 없어서다. 온라인 교육 역시 VOD, 웨비나 등의 다양한 형태로 제공되지만 실습과 소통 중심의 토론이 반영되지 않는 한계가 있다.

반면, 메타버스 교육은 실습과 함께 교육생의 실제 반응에 맞춰 그에 상응하는 콘텐츠가 제공될 수 있어 개인화된 학습 서비스의 구현이 가능하다. 단, VR과 AR 교육이 서로 다르게 구성되고 운영된다. VR은 이미 비행 교습이나 소방관의 모의 실습 등에서 사용되고 있다. 또한, 군대에서 모의 전쟁 등을 할 때도 이용된다. 실제 환자를 대상으로 할 수 없는 의료 실습 등에도 유용하다. 단, 이런 메타버스 교육을 기획하고 개발하려면 많은 비용이 든다. 교육 내용을 구성할 때 다양한 변수를 고려해 설계해야 하기 때문이다. 하지만 한번 제대로 개발해 두면 교육생을 대상으로 무한정 서비스가 가능하고, 현장 실습에 대한 비용과 시간 부담이 클 때 VR 교육이 훌륭한 대안이 될 수 있다. 가성비 좋은 VR 기기가 보급되기 이전만 해도 특수 목적의 제한된 교육 현장에서만 사용되었다. 하지만 최근 VR 기기 보급과 관련 저작툴이 저렴하고 다양해지면서 단순한 정보와 지식의 일방적 전달이 아닌 현장 실습, 모의 실험 등에 활용되고 있다.

AR 교육은 오프라인 학습의 보조 도구로도 유용하다. 강사가 교육에 필요한 디지털 학습 교구나 샘플, 실습 도구를 불러와 AR 기기를 쓰고 있는 교육생들에게 조작하며 설명해 줄 수 있다. 일례로 자동차 수리 관련 교육 중 AR 기기로 자동차를 보면서 자동차 내부의 부품 구성을 살펴보고, 고장났을 때 어떻게 수리를 할 수 있는지 보여줄 수 있다. 또한, 교육생이 직접 실습을 해보게 하고 잘못 조작한 것은 교정해 주며 학습을 보다 효과적으로 진행할 수 있다. 초중고 수업에서도 역사 공부를 하며 실제 역사적 주요 사건, 장면을 불러와서 그때의 분위기를 느끼며 당시 주요 인물과 역사적 유물을 상세하게 들여다볼 수 있다. 오프라인 교육과 온라인 학습의 장점을 결합한 효과를 AR 교육이 가져다줄 수 있다.

홀로렌즈로 보다 효과적으로 교육을 하는 모습

이렇게 VR, AR 전용으로 교육 프로그램을 만들어 운영하는 것은 상당한 투자가 있어야 한다. 교육생의 여러 반응에 맞춰 시나리오를 구분하고, 그에 맞는 콘텐츠와 인터랙티브한 학습 디자인이 필요하기 때문이다. 그래서 이렇게 별도의 전용 교육 프로그램으로 재제작하지 않고 단순히 VR을 이용해서 온라인 강연을 진행하는 것이다. 즉, PC나 태블릿 등으로 이러닝 교육을 하는 것이 아니라 VR로 학습을 하는 것이다. 크게 이러닝은 실시간으로 진행하는 웨비나와 원하는 시간에 각자 학습하는 VOD 방식으로 구분된다. 전자의 경우 강사가 강연을 하는 장면을 교육생들에게 방송하는 방식부터 교육생들도 컴퓨터 카메라를 켜고 줌으로 회의하듯이 연결해서 강사의 발표 장면과 함께 참여한 모든 교육생의 얼굴을 화상으로 보면서 진행하는 방식까지 다양하다. 이 같은 웨비나 방식은 오프라인 강연을 그대로 옮겨오는 효과를 만들고자 하는 것이 목적이지만 사실 오프라인만큼 현장감이 느껴지진 않는다. 참여하는 사람들이 사각형의 작은 화면에 갇혀 상반신 중심으로만 보여주니 표정을 살피기도 쉽지 않고 강연에 집중하고 있는지 파악하기도 어렵다. 카메라만 켜 놓고 강연을 안 듣고 딴짓하기도 쉽다. 반면 VR을 이용해 웨비나를 진행하면 오직 교육에만 집중할 수밖에 없고, 모든 교육생들이 공간에 각각 배치가 되어 서로 보면서 강사의 발표에 집중하고 있는지 확인할 수 있다.

궁금한 것이 있으면 손들고 질문할 수 있고 삼삼오오 모여서 분과 토의를 하는 것도 보다 현실적으로 할 수 있다. 특히 강사가 발표를 하면서 PPT 화면과 영상은 물론 웹 브라우저를 띄워서 홈페이지를 열어 보여줄 수도 있다. 사진이나 영상 등의 파일을 불러 교육생들에게 공유하고 보여줄 수도 있다. 멀리 떨어져 있는 교육생은 앞으로 오게 할 수도 있다. 강연 공간도 세미나룸, 컨퍼런스룸, 회의실, 강당 등 다양하게 변경할 수 있고, 얼굴만 보는 것이 아닌 몸 전체를 볼 수 있고 아바타를 움직일 수 있어 지루하지 않고 입체적인 교육 전달이 가능하다. 교육생들도 학습에 더 집중할 수 있는 흥미와 재미 요소를 느낄 수 있다. 별도로 교육 프로그램을 디자인하거나 개발할 필요 없이 기존에 PC로 하던 웨비나를 메타버스 공간에서 그대로 하면 되고, 교육 효과는 더 높아질 수 있어 VR에서 웨비나를 개최하는 경우도 늘어가고 있다. 단, VR 기기의 사용법과 웨비나에 적합한 소프트웨어(Spatial 등)의 사용법을 미리 익혀야 하는 사전 준비와 번거로움은 있다.

B2B 솔루션 비즈니스의 기회

메타버스는 PC나 스마트폰처럼 일반 사용자 대상으로 서비스되는 플랫폼이다. 하지만 그런 서비스를 개발, 운영하기 위해서는 다양한 기술과 솔루션들이 필요하다. 마치 웹이나 모바일에서 서비스를 제공하는데 클라우드나 빅데이터, 블록체인 등의 기술이 필요하고, 보다 세부적으로 다양한 비즈니스 문제를 해결해 주는 IT 솔루션이 있는 것처럼 메타버스에서도 그런 B2B 솔루션과 비즈니스 기회가 존재한다.

아바타와 공간을 꾸미는 비즈니스

모든 컴퓨터 장치는 조작하기 위한 인터페이스를 필요로 한다.

즉, 컴퓨터는 마우스와 키보드, 스마트폰은 손가락을 이용한 터치, 태블릿은 태블릿 펜슬이 있는 것처럼 메타버스도 인터페이스를 필요로 한다. 메타버스에서는 그 인터페이스가 우리 몸이다. 즉, 사람이 인터페이스가 되어 메타버스 공간을 유영하며 인터넷 서비스를 사용하고 메타버스 내 오브젝트들을 조작할 수 있다. 우리가 메타버스에서 명령을 내리고 정보를 입력하면 아바타가 나를 대리해서 메타버스를 움직이게 된다. 그래서 기존의 웹이나 모바일에서는 보이지 않던 아바타와 그 아바타가 위치한 공간이 메타버스에서는 중요한 요소이다. 아바타를 어느 공간에 위치시키고, 어떤 방향을 바라보며, 어떤 모션을 취하는지에 따라 메타버스 속의 다른 개체들에게 변화를 주고 메시지를 전달하며 소통하는 것이기 때문이다.

이런 이유로 메타버스에 연결하면 가장 먼저 내 아바타를 꾸미고 공간을 설정하게 된다. 마치 스마트폰을 구입하고 가장 먼저 아이디를 등록하고 홈 화면을 설정하는 것과 같다. 기존의 인터넷 서비스에서 사용하던 ID와 달리 아바타는 내 부캐로서 메타버스 속에서 나를 대표하는 것이라 공들이게 되고 고민을 많이 하게 된다. 실물의 나와 똑같이 만들 수도 있고, 내가 되고 싶고, 표현하고 싶은 이미지로 아바타를 설정할 수도 있다. 아바타를 꾸미는 요소로 피부색, 얼굴 모양, 눈과 눈썹, 옷과 액세서리, 신발 등이 있다. 개성있는 아바타를 꾸미기 위한 욕심은 카카오톡 이모티콘을 유료로 구매하는 것처럼 투자로 이어진다. 아바타를 치장할 수 있는 솔루션을 제공하는 비즈니스도 큰 기회이다. 이미 카카오톡의 이모티콘에는 수많은 외부 디자이너들이 새로운 비즈니스의 기회를 엿보고 참여하고 있다. 메타버스 속 아바타의 옷과 관련해 이미 유명 의류 브랜드들이 활발한 마케팅을 하며, 아바타를 위한 옷을 디자인해 〈제페토〉 등을 통해 선보이고 있다. 구찌, 컨버스, 디즈니, 푸시 버튼, 나이키 등이 메타버스 아바타를 위한 옷을 디자인해 마케팅 목적으로 선보이고 있다.

또한 아바타를 진짜 실물처럼 만드는 엔진, 저작툴에 대한 관심도 커지고 있다. 카메라로 촬영한 나를 메타버스향으로 실사처럼 만들어 3차원 입체로 보이고 다양한 표정을 지을 수 있도록 하는 기술부터 아예 꿈꾸는 인공인간을 만들어 아바타화 할 수도 있을 것이다. 에픽게임즈는 '메타휴먼 크리에이터'라는 저작툴을 통해 몇 분만에 헤어는 물론 의상까지 제작할 수 있다. 이 저작툴은 에픽게임즈의 언리얼 엔진을 활용해 가상의 인간을 창조할 수 있다. 클라우드 스트리밍 앱 방식으로 동작되며 기존에는 몇 주에서 몇 개월 걸리던 작업을 한 시간 이내로 사실감 넘치는 사람을 만들어 준다. 인종, 성별, 피부색, 머리카락은 물론 체모 설정과 치아 구조, 얼굴 주름 등의 세세한 표현이 가능해 실제 사람과 구별하기 어려울 정도다. 이런 저작툴로 만들어진 아바타가 메타버스에서 사용될 수 있다면 메타버스는 현실보다 더 사실적이게 될 것이다.

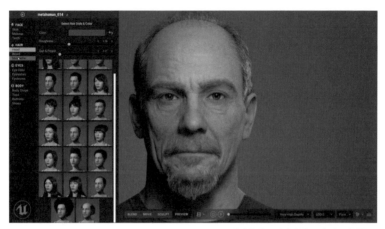

메타휴먼 크리에이터로 만드는 메타휴먼

물론 공간을 꾸미는 비즈니스 기회도 아바타와 마찬가지로 다양하게 펼쳐질 수 있다. 집안의 가구부터 인테리어 소품, 오피스 내 공간을 채우는 사무용품, 산, 바다에 이르기까지 실제 현실 공간처럼 다양한 사물들이 메타버스에 채워져야 하고, 이러한 물건들을 만들고 공간을 구성하는 솔루션들도 주목받을 것이다. 이런 사물들을 보다 정교하게 만들어 주는 저작툴과 엔진, 그리고 그런 툴을 이용해 오프라인에서처럼 메타버스에서 디지털 사물을 만드는 창작자들이 넘쳐날 것이다. 이런 경제 생태계를 '크리에이터 이코노미(Creator Economy)'라고 부른다. 웹 패러다임에서 블로그와 유튜브, 모바일 시대에 인스타그램, 틱톡에서 셀럽이 되어 콘텐츠를 만들어 광고와 상품 판매 등의 비즈니스를 했던 것처럼, 메타버스에서는 디지털 오브젝트와 예술 작품을 만들어 판매하는 제2의 창작자 경제가 펼쳐질 수 있다. 기존의 콘텐츠 제작이 텍스트나 영상, 이미지 중심이었다면, 메타버스에서는 옷부터 액세서리, 가구, 조각품, 미술 작품에 이르기까지 다양한 형태일 것이다. 이 같은 창작물들이 기존 오프라인의 상품을 홍보하는 마케팅 목적으로 배포될 수도 있지만 해당 콘텐츠가 메타버스를 통해 거래되어 메타버스 내에서 전시되고 이용될 수 있을 것이다. 특히 이런 디지털 콘텐츠는 특정 메타버스에 종속되면 사용성이 제한되므로 메타버스 플랫폼을 넘나들며 사용될 것이다. 그러려면 이들 콘텐츠를 거래할 수 있는 표준화된 시스템과 활용할 수 있는 프로토콜이 필요하다. 물론 거래를 위한 NFT와 같은 거래 수단도 필요로 할 것이다.

메타버스와 최고의 궁합, AI 어시스턴트

메타버스에서 아바타를 조작하는 것은 어렵지 않지만 컴퓨터처럼 문자를 입력하거나, 스마트폰처럼 앱을 실행하는 것은 여러 차례의 번거로운 조작이 필요하다. 물리적인 키보드가 있는 것도 아니고 직관적으로 선택할 수 있는 디스플레이가 있는 것이 아니다 보니 타이핑이나 버튼을 누르는 등의 조작은 쉽지가 않다. 그래서 새로운 방식의 메타버스 내 컴퓨팅 조작 방식이 필요하다. 메타버스에서 단순히 놀고 즐기는 것뿐 아니라 생산적인 일을 하고 업무를 보려면 컴퓨터를 사용하는 것처럼 키보드를 이용한 타이핑이나 보다 편리한 조작 방식이 필요하다. 그 대안으로 AI 어시스턴트(Assistant)가 적합하다. AI를 호출해서 말로 명령을 내리는 것이다. 이미 스마트 스피커로 AI 비서를 호출해 음성으로 검색, 음악 재생, 조명 제어 등의 조작이 가능하다. 그 방식이 메타버스에서 이루어지는 것이다. 메타버스 공간은 모든 것이 디지털로 재현된 100% 디지털 세상이다. 그러다 보니 인공지능이 그 디지털 공간 속에서 더 자유롭게 데이터를 수집하고 활용해서 아바타의 콘텍스트를 파악해 보다 편리한 인터넷 서비스, 컴퓨팅 작업을 할 수 있도록 도와주는 데 금상첨화다.

메타버스에서 AI를 부르면 디지털 AI 아바타의 실체로 언제든 즉시 내 곁에 나타날 수 있다. AI 아바타에게 명령을 내리면 즉시 앱을 실행할 수도 있고 원하는 공간으로 이동할 수 있다. 메타버스에서 잠시 떠나가 있는 동안 내 아바타를 대신해서 특정 작업을 수행하도록 할 수도 있다. 타이핑 작업도 키보드가 아닌 말로 하고 검색이나 아바타의 이동과 공간 설정 등 다양한 명령을 AI를 이용해 처리할 수 있을 것이다. 사실 AI가 스마트 스피커나 스마트폰 등을

인공지능으로 운영되는 매직리프의 미카(Mica)

이용해 오프라인 공간에 있을 때는 오프라인에서 벌어지는 정보를 파악하기가 쉽지 않다. 사용자가 명령을 내린 정보와 스마트폰 등을 통해 수집된 제한된 데이터만을 이용할 수밖에 없기 때문에 한계가 많다. 반면, 메타버스는 공간 자체가 모두 디지털로 구현되어 있어 AI가 모든 정보를 디지털 데이터로 수집할 수 있다. 수집된 데이터 덕분에 메타버스에서 벌어지는 일들과 아바타가 활동한 모든 것을 분석할 수 있다. 또 AI는 현실보다 메타버스에서 더 효율적으로 작동되고 안성맞춤의 서비스를 제공할 수 있다.

게다가 그렇게 메타버스에서 운영된 AI는 메타버스에서만 존재하는 것은 아니다. 아바타를 통해 그 사람에 최적화된 AI는 스마트폰에서도, 웹에서도 네트워크에 연결된 곳이라면 늘 따라다니기 때문에 내게 더 최적화된 서비스를 제공해 줄 수 있다. 물론 그런 AI를 지배하는 기업은 AI를 통해 모든 네트워크가 도달 가능한 곳에서 그 사람에게 정보를 전달할 수 있는 파워를 가질 수 있게 된다. AI 어시스턴트가 상품을 추천하고, 광고를 전달하고 특정 정보를 필터링할 수 있기 때문에 웹 검색이나 모바일에서의 SNS보다 메타버스에서 강력한 킬러앱이 될 수 있다.

AI는 내 아바타로 변신해 메타버스에서 잠시 벗어나 있을 때 메타버스를 유영하며 미리 명령해 둔 작업을 대신 수행하기도 할 것이다. 게임을 해서 경험치를 높여주거나, 다른 아바타의 질문이나 대화에 간략한 답을 대신할 수 있다. 개인이 아닌 기업용 AI 어시스턴트도 메타버스에서 기업의 마케팅 활동이나 고객 상담, 상품 판매 등의 역할을 대신할 수 있다. 똑똑한 AI 어시스턴트가 메타버스에서 기업의 비즈니스를 도와주는 기업에 특화된 전문 AI 솔루션(Solution)도 비즈니스의 기회가 될 수 있다. AI 어시스턴트들이 아바타로 실체화가 되어 호출만 하면 바로 나타나 메타버스 밖 휴대폰에 전화를 걸어주거나, 궁금한 것을 물으면 즉시 검색 결과를 웹 브라우저로 큰 화면에 보여주고, 스케줄에 빈 시간을 찾아 일정을 잡아주고, 집 IP 카메라에 촬영된 영상에서 원하는 특정 장면을 찾아 재생해 줄 수 있을 것이다.

메타버스 속 마케팅

페이스북의 마크 주커버그는 2021년 6월 17일 프랑스에서 개최된 '비바테크(Viva Tech)'에서 "미래에는 미디어, 예술, 스크린, TV가 물리적으로 존재할 필요가 없다"고 말하며 가상 현실 기기인 오큘러스를 이용한 메타버스의 활용과 전망에 대해 언급했다. 앞으로 많은 것들이 실제로 물리적인 것이 아니어도 볼 수 있고 사용할 수 있는 시대가 열릴 것이라고 말하며, 디지털 안경을 쓰고 디지털 홀로그램으로 채워진 세상이 스마트폰과 PC 이후 주요 컴퓨팅 플랫폼이 될 것이라고 전망했다. 특히 메타버스가 단지 게임을 넘어 적용 분야가 빠르게 확장되고 있어, 일하는 것이나 디지털 의류에 이르기까지 다양한 형태의 비즈니스 기회가 있을 것이라고 말했다.

이어 페이스북은 2021년 6월 16일에 "레졸루션 게임(Resolution Games)의 미래형 슈팅 게임인 〈블라스톤(Blaston)〉을 포함해 일부 게임에 광고를 게재할 계획"이라 밝히며 메타버스에서 광고 테스트를 시작했다. 메타버스는 360도 모든 공간, 눈길이 닿는 모든 곳이 광고를 게재할 수 있는 영역이다. 인터넷 배너와 검색 광고도 처음에는 TV나 신문, 잡지 광고에 익숙하던 우리에게 큰 충격을 주었다. 메타버스 광고 역시 새로운 디지털 마케팅의 지평을 열어줄 것이다.

페이스북이 발표한 메타버스 내 게임 속 광고

메타버스 광고의 특징은 크게 세 가지로 요약할 수 있다.

첫째, 공간 마케팅. 메타버스는 무한한 공간과 그 공간을 채우는 오브젝트 그리고 아바타로 구성된다. 그 모든 것들이 광고의 대상이 된다. 공간 자체, 공간 속 건물, 각종 오브젝트 그리고 아바타와 그 아바타가 입고 쓰고 차고 있는 옷이나 신발, 액세서리 모두가 마케팅 도구이다. 오프라인에서 건물 외각에 설치된 디지털 사이니징이나 버스나 지하철 내외부의 포스터 등과 같은 광고가 그대로 적용될 수 있다. 인터넷의 배너 광고나 검색 광고와 같은 평면적 이미지나 하이퍼링크로 된 광고가 아닌 실제 홍보하고자 하는 상품 그 자체를 디지털 오브젝트로 만들어 광고로 이용할 수도 있다. 가구나 가전기기, 옷, 자동차 등 판매하는 모든 상품을 디지털 오브젝트로 만들어 메타버스에서 마케팅할 수 있다.

둘째, 전파 마케팅. 디지털이 갖는 최대의 장점은 제로 비용으로 무한 복제가 가능하다는 점이다. 메타버스 내에서 마케팅 목적으로 만들어진 각종 오브젝트는 홍보 목적으로 복제하며 더 많은 공간과 아바타에 적용할 수 있다. 광고의 무한 전파가 가능하다. 그 또한 강제적으로 푸시하는 것이 아니라 사용자가 공간을 꾸미고 내 아바타를 치장하고자 하는 목적으로 자발적으로 선택하면 그것이 자연스럽게 다른 아바타에게 노출되며 홍보 효과가 있게 된다. 무엇보다 메타버스 속 세상은 모든 것이 데이터로 기록되기 때문에 이렇게 노출된 광고들이 어떤 경로로 누구에게 노출되고 또 누구를 통해 확산되는지를 측정할 수 있다.

셋째, 체험 마케팅. 메타버스 내에서 여러 공간을 탐험하며 메타버스 속 수많은 아바타를 만나고 대화하며 경험을 쌓아간다. 메타버스 내 광고는 체험을 할 수 있는 방식으로 인터랙티브하게 구성될 수 있다. 그저 광고가 노출만 되는 것이 아니라 직접 광고에서 소개한 제품을 사용해 보고 해당 브랜드가 말하고자 하는 마케팅의 가치를 경험할 수 있다. 의류라면 입어볼 수 있고, 가전기기라면 직접 사용해 볼 수 있다. 환경 보호에 앞장서는 기업 이미지나 경쟁사 대비 압도적 기술력을 보여주고자 한다면 그런 메시지를 전달하는 시나리오를 구성해 메타버스에서 경험하도록 만들 수 있다. 게임을 이용하거나 가상의 경험을 하거나 기업의 공장을 견학하도록 디자인할 수 있다.

블로그, 유튜브, 페이스북, 인스타그램을 이용해 마케팅을 하듯 메타버스에서도 기업의 건물을 세우고 아바타를 만들어 마케팅이 시작될 것이다. 메타버스 마케팅은 기존의 온라인 마케팅보다 훨씬 진일보하고 입체적이어야 한다. 특히, 고객이 광고를 본 이후 기업이 PR하고자 하는 메시지를 직접 경험하며 느낄 수 있도록 완결된 스토리를 구성해 전달할 수 있도록 디자인되어야 한다.

메타버스에서 인증한 오프라인 세상

애플이 개발 중인 메타버스 기기는 VR과 AR이 혼합된 MR이라고 전망되고 있다. 가상 세계에만 빠져 있지 않고 현실과 가상이 오고 가는 혼합 현실의 세상을 그리고 있다. 이 MR 기기를 쓰고 메타버스를 사용하게 되면 온전히 가상의 경험만 하는 것이 아니라 물리 세상도 함께 보면서 메타버스를 이용할 수 있게 된다. 즉, 현실에 있는 내 아이폰과 아이패드, 애플 워치, 에어팟, 에어태그 등의 애플 기기들이 인식될 것이다. 메타버스에서 이들 기기가 그대로 형태와 위치가 보여지고 메타버스에서 조작을 하면 실제 아이폰이 조작되어질 것이다. 아이폰을 잠금 해제해서 앱을 실행하는 것이 현실이 아닌 메타버스에서 조작할 수 있는 것이다. 애플 TV를 리모컨 없이 메타버스에서 조작할 수 있다. 더 나아가 애플 시리와 연동된 사물인터넷 기기들을 메타버스에서 제어하는 것이 가능해질 것이다. MR 기기를 끼고 에어컨을 바라보면 에어컨을 조작할 수 있는 가상의 버튼이 나오고, 그 버튼을 눌러 에어컨을 제어하고, 음성으로 시리를 호출해서 에어컨을 켜고 끌 수 있을 것이다.

이렇게 향후 메타버스는 오프라인의 디지털 기기를 제어하고 관리할 수 있게 될 것이다. 이미 MS의 홀로렌즈2를 이용해 구현된 디지털 트윈은 공장에서 기기를 제어하고 상태를 확인할 수 있다. AR 안경을 끼고 공장의 기계를 바라보면 현재 동작 상태를 모니터링할 수 있고 작동하고 제어할 수 있다. 특수한 환경에 맞게 설계되지 않아도 우리 일상에서도 VR이나 AR 기기를 이용해 메타버스 공간에서 주변의 사물을 인식하고 제어할 수 있는 서비스가 구현될 수 있다. 단, 메타버스 내에서 이들 기기를 인식하고 제어할 수 있는 기술이 필요하다. 이미 아마존 알렉사, 구글 어시스턴트, 애플 시리 등을 이용해 사물인터넷 기기를 인식하고 제어할 수 있는 스마트홈 서비스가 제공되고 있다. 삼성전자의 스마트씽즈를 이용해서도 삼성전자의 가전기기를 앱을 통해 제어할 수 있고, 스마트씽즈와 호환되는 사물인터넷 기기를 조작할 수 있다. 이런 기술과 연계해서 메타버스에서도 이들 AI 어시스턴트를 호출하거나 메타버스 내 앱을 이용해 가전기기를 제어할 수 있다.

AR 안경을 끼고 공장에서 기계 상태를 모니터링하고 작동하는 모습

단, 메타버스에서 이들 기기를 보다 효율적으로 사용하려면 직관적으로 주변의 가전기기를 실제 인식할 수 있어야 한다. 거실에 있는 삼성전자 에어컨을 바라보면 메타버스에서 그 가전기기가 보여지고 메타버스에서 조작해서 실제 에어컨을 작동시킬 수 있어야 한다. 주방의 냉장고와 인덕션, 세탁기 등을 인식할 수 있어야 한다. 더 나아가 거실의 소파와 TV, 안방의 침대, 서재의 책상과 의

자, 다이닝룸의 액자와 시계 등을 인식할 수 있어야 한다. 실제 현실 공간에 있는 물체를 인식하게 되면 메타버스는 현실과 동떨어진 세계가 아닌 물리적 공간과 연동되는 혼합된 세계가 된다. 그러면 현실 세계도 디지털과 결합되어 더 편리하고 색다른 경험을 제공할 수 있다.

이를 위해서는 메타버스 기기에서 현실에 있는 물체를 인식할 수 있어야 한다. 단지, 물체의 형태와 크기만이 아니라 해당 제품의 브랜드와 모델명까지 인식을 하면 더 다양한 서비스 연계가 가능하다. 해당 제조업체와 메타버스 플랫폼 간에 사전 협력을 통한 기기 인증이 필요하다. 만일 시계 업체와 사전 인증이 되었다면 메타버스에서 현실의 시계를 바라보면 시계 주변에 디지털 효과를 넣거나 시계의 배경 이미지를 다양하게 교체를 할 수 있고, 디지털 시계라면 알람을 메타버스에서 설정하고 시간을 맞추는 것까지 가능할 것이다. 이렇게 되면 메타버스에서 이들 제조업체와 인증하는 것이 비즈니스 모델이 되고, 제조업체 입장에서는 새로운 BM 혁신(비즈니스 모델 혁신)의 기회가 된다. 제조업체는 메타버스에서 자사 상품이 어떻게 더 다양한 기능과 디자인으로 보일지를 고려해서 상품 개발과 디지털 콘텐츠 기획을 하게 되니 제조업의 디지털 트랜스포메이션이기도 하다. 일례로 오프라인의 스피커를 메타버스에서 인증해 메타버스에서 음악을 재생하면 실제 스피커가 작동되도록 할 수 있다. 스피커의 소리를 제어하는 것은 물론 내 위치와 스피커의 위치를 파악해 움직일 때마다 스피커의 소리를 보다 입체적으로 나게 할 수도 있을 것이다.

오프라인 공간도 마찬가지다. 좀 더 MR 기기들이 집이나 사무실이 아닌 스마트폰처럼 바깥에서도 휴대하며 사용하기 편해지고, 특정 공간 내에서 새로운 경험을 제공하기 위한 용도로 사용할 수 있다. 2020년 11월에 디즈니의 CTO는 IAAPA 엑스포에서 물리적 공간과 디지털 공간이 하나로 연결되는 개념의 '디즈니 테마파크 메타버스'를 소개했다. 디즈니랜드의 경험을 물리적 공간에 한정하지 않고 디지털과 결합해 좀 더 환상적인 경험을 할 수 있도록 도와주며, 여기에는 증강 현실과 사물인터넷을 포함해, 웨어러블 디바이스와 모바일 그리고 인공지능 등의 다양한 기술이 응용되었다. 이 중 '윈도 투 더 와일드(Windows to the Wild)'는 VR 기기를 이용해 디즈니랜드의 여러 공원을 넘나들며 동물들을 만날 수 있도록 해준다. 실제 디즈니랜드의 동물원에 설치된 카메라를 이용해서 동물들의 모습을 관찰할 수 있어 현실감이 있다. 또한 '스냅챗 랜드마커 렌즈(Snapchat Landmarker Lens)'는 디즈니랜드에서 촬영한 사진을 디즈니 파크 내에 있는 신데렐라 캐슬 위에 게시해 준다. 스마트폰의 〈디즈니〉 앱을 통해서 신데렐라 캐슬을 비추면 카메라를 통해 성 위에 내가 촬영한 사진이 나타난다. 이렇게 스마트폰의 AR 기술을 이용해서 테마파크를 좀 더 입체적으로 경험할 수 있다.

오프라인에서 공간과 상품으로 사업을 하는 전통 기업의 입장에서는 메타버스가 새로운 디지털 전환(DT)의 소재가 될 수 있다. 기존 전통 산업의 비즈니스 모델을 새롭게 포장하고 더 혁신할 수 있는 기회가 될 수 있다. 즉, 정통 오프라인이 갖는 물리적, 시공간적인 특성을 디지털과 결합해 새로운 경험을 제시하는 계기가 될 수 있다.

2010년 모바일 세상이 다가올 것 같은 분위기가 무르익었을 때, 우리가 다가오는 패러다임을 어떻게 준비했는지 되돌아보자. 스마트폰을 만드는 삼성전자, 통신사인 SKT, 인터넷 서비스를 하는 다음커뮤니케이션과 네이버 정도가 이 변화를 읽고 적극 대응했다. 새로운 사업 기회를 포착하려는 스타트업인 카카오톡, 배달의민족, 토스 등도 적극 나섰다. 특히 인터넷에서 자리 잡은 G마켓, 부동산114 등과 경쟁하기 위해 쿠팡, 직방 등이 모바일에 주력해 서비스를 대응했다. 10년이 지난 이후 모바일은 기존의 웹보다 더 큰 시장이 되었고, 먼저 준비한 기업들은 큰 기회를 얻었다. 이 같은 ICT 기업처럼 시대를 앞서서 대응하지 못한 대부분의 전통 기업들은 모바일 시장을 부정하거나 그저 새로운 트렌드 정도로 이해하려고만 했지 그에 맞는 구체적 대응 전략이나 실행을 하지 못했다. 대응을 한 기업들도 대부분 2015년 이후에 소극적 대응에 그치거나 추진력 부족, 기술력 미흡, 조직 부재로 성과를 거두지 못한 경우가 많다. 우리는 메타버스 시대를 어떻게 대비해야 할까?

Part 3

우리는 메타버스 시대를
어떻게 준비할까?

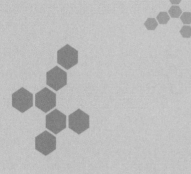

BM 혁신의 기회로 삼기 위한
기업의 대처 방안

새로운 패러다임이 올 때 기업 내 반응은 세 가지이다. 아예 모르거나, 알아도 무시하거나, 해보려다 단념하는 경우다. 적극적으로 탐구하며 시도하는 기업은 거의 드물다. 있어도 경영진이 위기감이나 혁신적 시도에 열린 마인드를 갖고 투자를 해보려는 의지가 있어야 하지 아래에서 위로 제안해서 시작하는 경우는 없다고 봐도 무방하다. 그렇다면 메타버스를 기업에서 이해하고 새로운 사업 혁신의 기회로 삼는 효과적인 방안은 무얼까?

메타버스에서 일하고
고객 만나기

전통 기업, 대기업일수록 새로운 패러다임 그것도 디지털 기술 기반으로 사업 혁신을 추진하기가 쉽지 않다. 무엇보다 그 패러다임이 진짜 거대한 쓰나미인지, 그저 작은 가랑비에 불과한 것인지를 설득하기가 어렵다. 물론 내 스스로도 그걸 확신하기가 어려우니 경영진, 의사 결정권자를 설득하기란 더 어렵다. 그래서 가장 좋은 것은 메타버스에서 비즈니스를 할 생각이나 전략을 짜려 하지 말고 메타버스를 업무에 이용해서 생산성을 높이는 데 주력하는 것이다. 즉, 메타버스에서 사업을 하자고 설득하려 하지 말고 메타버스를 당장의 업무를 위해 직접 사용해 보라는 것이다. 거창한 사업 전략을 세우고 기획안을 만들어 뭘 하려 하지 말고 원래 하던 업무를 더 잘하기 위한 목적으로 이용해 보자.

가상의 오피스로 출근하는 세상

오큘러스라는 VR기기에 공격적 투자를 하며 메타버스 세상을 만들어 가는 페이스북의 CEO인 마크 주커버그는 2021년 1월 페이스북에 VR 오피스에 대한 언급을 했다. "10년 내로 VR을 이용한 원격 근무가 일상화될 것이다. 더 이상 사람들은 일자리가 많은 지역으로 몰려들지 않아도 되고, 부동산 시장의 과열 문제도 해결될 것"이라고 전망했다.

코로나19로 인해 회사마저 출근할 수 없고 재택근무를 해야 하다 보니 전통 기업에서는 꿈도 꾸지 못하던 줌이나 웹엑스(Webex)와 같은 화상회의 툴을 이용한 온라인 회의가 일상이 되었다. 하지만 온라인 회의가 오프라인 대면 회의만큼 편할 리 없다. 시간 낭비 없이 즉각 어디서든 연결해서 회의를 할 수 있다는 장점은 있지만 회의에 집중하기 어렵고 화면을 공유해서 발표 자료를 함께 보는 것도 그리 만만한 일이 아니다. 또, 온라인 회의는 몰입해서 진행하는 데 한계가 많다. 메타버스에서의 회의는 오프라인과 온라인의 강점 모두를 접목할 수 있다. 즉, 오프라인처럼 딴짓 하지 않고 오직 회의에만 집중할 수 있는 분위기를 형성하고 함께 살펴볼 자료를 쉽게 공유할 수 있다. 또한, 온라인처럼 공간의 제약 없이 즉시 만날 수 있고 회의 내용을 기록할 수 있다. 특히 메타버스만의 회의 장점이 있다. 바로 다양한 디지털 자료를 쉽게 공유해서 회의의 생산성을 높일 수 있다는 점이다.

　코로나19로 피치 못하게 회의마저 온라인으로 해야 하는 상황이고, 재택근무의 편리함에 익숙해진 대부분의 사회인은 100% 오프라인으로 회귀 못하고 온라인과 오프라인을 번갈아 가며 업무를 보고 회의를 하는 상황을 받아들여야 하게 될 것이다. 이때 메타버스에서 업무를 보는 것이 훌륭한 대안이 될 것이다. 실제 미국의 실리콘밸리에서는 코로나19 이후 백신 접종과 함께 일상으로 돌아오게 되면서 100% 회사 출근으로 전환하지 않고 반은 출근, 반은 재택근무 방식으로 일하는 것을 도입하고 있다. 재택근무가 주는 효율성이 있기 때문이다. 하지만 기존의 온라인 회의나 온택트(Ontact) 협업은 한계가 있어 메타버스를 이용한 업무가 대안으로 떠오르고 있다.

　메타버스로 출근하는 것은 온라인 회의나 집에서 업무를 보는 것보다 더 큰 변화이고 새로운 경험이며 색다른 장점을 제공한다. 무엇보다 커뮤니케이션이 훨씬 밀도가 깊어질 수 있다. MS 홀로렌즈2로 회의를 하면 홀로그램으로 참석자를 내 서재에 불러올 수 있고, 디지털로 만들어진 설계도를 불러오거나 상품 디자인을 띄울 수 있다. 당연히 문서를 불러와 띄우고 문서의 특정 부분을 가리키며 보다 정확하게 참석자들과 회의를 나눌 수 있다. 답답한 모니터 속에서 사각형 안에 갇힌 얼굴만 보면서 회의를 하는 것과 달리, 그 몸이 공간을 이동하기 때문에 훨씬 역동적인 상태로 집중할 수 있다. 또한, 오프라인에서 회의를 하면서 관련 자료를 프레젠테이션을 통해 띄우거나 디자인된 목업(mock-up)을 보여 주는 것보다 더 입체적으로 각종 자료와 목업 등을 보여줄 수 있다. 오프라인에서의 자료 공유는 제한된 공간과 범위에서만 가능하지만, 디지털 공간속에서는 자료를 그냥 띄워만 두는 것이 아니라 특정 참석자 앞으로 이동시키고 자료 내의 특정 부분을 크게 키울 수도 있다. 특히 설계도나 목업은 여러 각도, 앵글에서 보여줄 수 있으며 색상이나 디자인 구성을 바꿔가며 함께 공유할 수 있다.

메타버스 회의는 이렇게 기존에 온라인에서 그리고 오프라인에서의 경험과 다른 편리함을 준다. 줌을 이용한 회의에 한계를 느낀 기업들은 메타버스 회의를 찾아 대안을 모색하고 있기도 하다. 메타버스에서 회의를 하는 방법으로는 〈제페토〉, 〈점프(Jump) VR〉, 〈개더타운(Gather town)〉, 〈렉 룸(Rec Room)〉 등이 있으며 《〈스페이셜〉(Spatial)》 등의 앱도 있다. 이들 서비스는 공간 속에 아바타가 있어 참석자들의 위치를 확인하고 이동해 가면서 회의를 할 수 있다. 개더 타운은 실제 사무실을 그대로 옮겨 올 수 있고 파티션과 책상, 의자 그리고 회의실 등을 둘 수 있다. 별도의 프로그램 설치 없이 웹 브라우저에서 연결할 수 있고, 메타버스 사무실에 들어가면 각 공간별로 구분된 영역에 있는 직원들의 모습을 볼 수 있다. 내 아바타를 움직여 특정한 직원에게 가까이 가면, 상단에 카메라로 촬영된 상대방의 얼굴을 영상으로 볼 수 있다. 아바타를 회의실로 움직여 입장하면 회의실에 있는 사람들의 얼굴이 상단에 표시된다. 기존에 메일이나 카카오톡으로 전송된 줌의 링크나 줌을 실행해 방 번호나 암호를 입력해서 회의를 시작하는 방식이 아니다. 아바타들을 통해서 사람들의 위치를 확인하고, 아바타를 이동시켜 대화를 시작할 수 있다. 실제 오프라인에서 동료들과 이야기를 나누는 것처럼 자연스러운 대화를 시작할 수 있다.

웹에서 바로 사용 가능한 2D 공간 중심의 〈개더타운〉

〈점프 VR〉이나 〈제페토〉는 보다 입체적인 공간 속에서 3D로

된 아바타로 대화를 할 수 있게 해준다. 아바타로 공간을 이동하는 것은 물론 다양한 모션을 취하고 얼굴의 표정과 제스처 등을 다양하게 바꿔가며 내 감정을 표현할 수 있다. 텍스트 채팅은 물론 음성으로 대화를 할 수 있고, 수백 명과 함께 졸업식이나 컨퍼런스를 개최하는 것도 가능하다. 스마트폰 앱에서 손가락을 이용해 아바타를 조정하고 모션을 지정할 수 있다. 〈렉 룸〉에서는 동료들과 게임을 할 수도 있다. 스쿼시, 원반 던지기, 탁구, 총싸움 등의 스포츠 게임을 즐길 수 있다. 물론 대화를 나누며 모임을 가질 수도 있다. 〈스페이셜〉은 내 얼굴 사진으로 아타바를 만들어 회의실, 세미나룸, 컨퍼런스룸, 라운지 등 다양한 공간을 선택해 사람들과 회의를 할 수 있다. 〈렉 룸〉과 〈스페이셜〉은 VR인 오큘러스 기기를 지원해서 키보드나 마우스 대신 내 신체를 사용할 수 있다. VR 등의 기기를 이용하게 되면 진짜 그 공간에 들어가 있는 아바타가 내가 된 것처럼 느낄 수 있다. 그 공간도 보다 입체적이라 고개를 들어 하늘을 보거나 옆, 아래, 뒤를 보면서 그 공간에 완전히 동화된 느낌을 가질 수 있다.

가상 오피스가 주는 최대 장점은 혼자가 아닌 동료들과 함께 있다는 경험을 준다는 것이다. 재택근무로 인한 외로움을 달랠 수 있다. 사실 출근하지 않고 인터넷으로 회의를 하고 근무를 하다 보면 편리함 뒤에 단절, 외로움이 커져간다. 동료 의식과 공감대가 약해지기 때문에 장기적으로 업무 생산성이 떨어질 수 있다. 메타버스 속 근무는 각자의 집에서 같은 공간에 연결해 동료들과 함께 있을 수 있어 공감대를 형성하기 쉽다.

가상 컴퓨터로 운영 비용 제로

메타버스 사무실의 강점은 회의에만 있는 것이 아니다. 책상과 의자만 있으면 디지털로 컴퓨터와 모니터 키보드, 마우스 그리고 스탠드와 멋진 난초로 채울 수 있다. 가상의 디지털 오브젝트로 책상 위와 주변을 꾸밀 수 있다. 모니터는 내가 원하는 크기, 개수로 마음껏 배치할 수 있다. 현실 공간에서는 낡고 초라한 책상이라 할지라도 메타버스 속에서는 멋스럽고 고풍스러운 색감과 질감을 넣어 고급스럽게 만드는 것도 가능하다.

사실, 회사에서 지급하는 컴퓨터나 모니터 등의 기기는 예산의 한계로 성능이 기대에 못 미치는 경우가 많다. 또 회사도 직원들의 컴퓨터를 유지, 운영, 관리하기 위한 비용이 만만치 않다. 보안에 신경쓰랴, 고장나면 고쳐야 하고, 업그레이드에 대한 비용도 부담이다. 하지만 메타버스에서 제공되는 컴퓨터, 모니터는 모두 클라우드 기반으로 운영되기 때문에 물리적 비용이 들지 않는다. 컴퓨터 업그레이드도 클라우드의 슈퍼 컴퓨터 자원을 최소의 비용만 내고 즉시 이용할 수 있다. 특히 모니터를 자유자재로 배치하고 크기를 무한정 늘릴 수 있다. 화면을 책상 위가 아닌 천정에 둘 수도 있고 스마트폰처럼 작게 만들고 내가 움직일 때마다 가지고 다니는 것도 가능하다.

메타버스에 만들어진 집무실

단, 적어도 책상과 의자는 현실 세계에 존재하는 실물이어야 하고, 메타버스에서 이들 가구는 인식되어야 한다. 이후에는 모든 것을 디지털로 채울 수 있다. 메타버스 세상으로 들어가면 평소 사용하던 소프트웨어와 문서들을 그대로 만날 수 있다. 하지만 모니터와 컴퓨터 자원은 언제든 필요로 하는 것으로 바꿀 수 있다. MR 기기만 쓰면 어디서든 나만의 집무실에 연결할 수 있다. 마치 게임에 연결하는 것처럼 일하러 메타버스로 출근하는 것이다. 물리적 한계를 벗어나 내가 필요로 하는 시계, 캘린더를 어디든 배치할 수 있고 팩스와 프린터, 전화기도 둘 수 있다. 팩스에 디지털 문서를 넣어 실제 팩시밀리에 팩스를 보낼 수 있고, 프린터에 인쇄할 문서를 보내면 실제 사무실이나 집에 있는 프린터로 인쇄가 되게 할 수 있다. 메타버스 오피스는 클라우드의 컴퓨팅 자원을 이용해서 운영된다. 오프라인의 공유 오피스처럼 클라우드의 자원을 공유해서 업무를 볼 수 있다. 메타버스 세상이 우리 기업의 업무 환경에 접목되면 클라우드는 더욱 보편화될 것이다. 클라우드에 메타버스를 이용해 우리의 업무에 필요로 하는 컴퓨터 자원과 각종 소프트웨어 그리고 가상의 오피스가 업로드될 것이다.

클라우드로 업무를 보고, 메타버스에서 근무하는 것은 완벽한 디지털 속에서 일하게 되는 것을 뜻한다. 이는 일하는 문화가 완전히 디지털화되는 것을 의미한다. PC나 노트북으로 업무를 보는 것은 완벽한 디지털 워크가 아니다. 컴퓨터와 노트북이 대부분의 사무실에 보급되었지만 우리는 여전히 A4 종이에 인쇄를 해서 공유하고, 보고서 내역을 각자 컴퓨터에 파일로 저장해서 이메일로 주고받으며 취합, 통합하는 수고로움을 감당한다. 줌 등을 통한 온라인 회의를 통해 보고서를 공유하고 수정해야 할 사항을 반영하는 것도 여간 번거로운 것이 아니다. 아직 우리의 업무 환경은 완전히 디지털화되지 못했다. 오프라인이든 온라인이든 사람 간, 업무 프로세스 간에 분절되어 있다. 하지만 메타버스에서 일하게 되면 업무의 전과정이 클라우드에서 통합, 운영되므로 완벽한 디지털화가 가능하다. 메타버스는 게임이나 엔터테인먼트 같은 소비적인 용도 외에 업무의 생산성을 높여 주는 목적으로도 활용되며 보다 다양하게 사용되어갈 것이다.

MZ 세대의 이해와 시장 분석

PC도 스마트폰도 처음 가장 흥미로운 서비스로 보급, 확산이 된 일등공신은 게임이었다. 메타버스 역시 게임이 큰 기여를 하고 있다. 게임을 주로 즐기는 세대는 10~20대의 MZ 세대이고, 새로운 기기와 기존과 다른 경험을 거리낌 없이 수용하고 몰입하는 데도 이 세대가 가장 적극적이다. 그러다 보니 메타버스는 MZ 세대를 중심으로 보급이 확대되어갈 것이다. MZ 세대를 주된 고객으로 하는 기업이나 마케팅을 하는 회사라면 이들의 문화를 이해하고 분석하는 데 메타버스가 큰 기회를 제공해 줄 것이다.

10대가 많이 사용하는 메신저는 뭘까? 카카오톡이 아니라 페메

(페이스북 메신저)와 스냅챗이다. 왜 이들은 국민 메신저라 불리는 카카오톡을 사용하지 않을까? 우선 10대는 부모 세대가 북적거리는 카카오톡에 친구와의 채팅방을 두고 싶지 않아 한다. 친구와의 메시지는 어른들이 보내는 카카오톡과 같은 앱과 구분해서 보고 싶어 한다. 그리고 페메 등은 카카오톡보다 오직 메시지 그 자체에 집중된 단순한 디자인이다. 또한, 보다 감각적으로 감정을 전달할 수 있는 움직이는 이미지와 화면 가득 차는 이모티콘 등 인터랙션 기능이 무척 재미있다. 그래서 카톡보다는 페메나 스냅챗을 더 많이 이용한다.

메타버스는 그렇게 기존의 세대와 구분된 친구와의 공간을 만들어 줌으로써 분리된 경험을 가지게 해준다. 한마디로 디지털 아지트인 셈이다. 심지어 아바타를 한껏 개성 있게 꾸밀 수 있고, 여러 공간을 탐험하며 친구들과 디지털 경험을 재미있게 즐기도록 해준다. 게임만 하러 메타버스로 들어오는 것이 아니라 친구들과 수다도 떨고 장난도 치고, 함께 경험하러 온다. 이렇게 메타버스에서 머무는 시간에 우리의 모든 활동과 친구들과의 관계 그리고 공간과 디지털 오브젝트 및 그 메타버스 속에 있는 브랜드와의 인터랙션은 모두 디지털 데이터로 기록된다. 메타버스 공간에 간단한 장치만 마련해 두면 모든 것을 완벽하게 기록할 수 있다. 실제 오프라인 현실에 CCTV를 다는 것처럼 가상의 카메라를 두고 녹화할 수도 있

고, 영상이 아닌 보다 상세한 분석과 구분이 가능한 데이터로 기록할 수도 있다. 시간, 장소, ID, 모션 그리고 인터랙션의 상세 내역을 디지털 데이터로 기록해서 쉽게 통계를 내고 분석을 할 수 있으며 탐색도 가능하다. 그렇게 속속들이 기록된 데이터 덕분에 MZ 세대가 메타버스에서 어떤 공간에서 무엇을 가장 많이 하고 누구와 어떤 인터랙션을 하는지에 대한 데이터 분석이 가능하다. 오프라인에서 MZ 세대를 분석하는 것보다 오히려 더 자세하게 표본이 아닌 전수 조사가 가능한 것이다. 심지어 실시간으로 특정 세대에 대한 분석을 정확하게 할 수 있고, 이는 시장을 전망하는 데도 큰 도움이 된다. 기업은 늘 고객에 대한 리서치와 시장 조사를 하며 미래 사업 전략과 마케팅 계획을 수립한다. 메타버스는 사용자 분석과 시장 전망을 하는 데 큰 도움을 줄 수 있다.

전통 기업일수록 주된 의사 결정은 50대가 하고, 신사업 전략이나 기획을 주도하는 세대는 40대이다. 고객 즉, 소비자는 갈수록 나이가 적어지는데 기업의 종사자들은 나이가 들어간다. 50대가 어떻게 10~20대의 생각을 알고 고객의 입장에서 기업의 주된 의사 결정을 할 수 있겠는가? 그렇다고 젊은 고객을 만나기란 제한적이고, 대면해서 얻을 수 있는 정보도 제한적이다. 또한, 고객의 솔직한 생각과 입장을 듣기도 어렵다. 기껏해야 시장, 고객 마케팅 조사 등의 보고서를 통해 알 수밖에 없다. 메타버스는 다르다. 아바타로 10대, 20대로 메타버스의 부캐를 만들어 MZ 세대의 고객을 만나 이야기를 나누며 그들의 생각을 엿볼 수 있다. 젊은 세대의 트렌드를 읽는 데 이보다 훌륭한 도구는 없다. 시장 트렌드와 우리 브랜드, 상품에 대한 고객들의 민낯을 만나고 싶다면 메타버스로 들어가 보자.

가벼운 도전을 통한 시행착오

2010년 스마트폰이 막 보급되기 시작할 무렵 ICT 기업이나 스타트업들은 새로운 패러다임의 가능성을 높게 보고 모바일 앱을 만들거나 관련된 비즈니스 솔루션을 개발하면서 사업 투자를 했다. 하지만 대부분의 전통 기업이나 중소 기업은 모바일 트렌드를 인식하지 못한 채 기존 사업에만 집중했다. 설사 관련 컨퍼런스나 특강 등을 통해서 모바일 시장의 변화를 보고 들었어도 회사 비즈니스와는 무관하고 딱히 시도할 만한 사업 아이디어가 떠오르지 않아 아무것도 하지 않는 것이다. 메타버스도 똑같을 것이다. 전통 산업에 속한 기업이나 중소 기업은 관련이 전혀 없고 대비할 이유도, 필요성도 없다고 판단할 것이다. 하지만 그렇게 2~3년을 보내면 메타버스 시장에 그 어떤 준비도 고민도 하지 않은 지금을 후회할 것이다. 지금 무엇을 할 수 있을까?

메타버스에 광고 집행하기

왠만한 기업은 회사 홈페이지나 카페, 블로그, 페이스북 등의 기업 PR 채널을 운영하고 있다. 요즘은 동네 병원도 홈페이지가 있고, 상가도 카카오톡 채널을 만들고, 음식점도 배달의민족에 입점할 정도니 회사의 PR이나 채용 등을 위해서라도 인터넷 서비스를 운영하는 경우가 일반적이다. 하지만 미리 준비하고 대응했다면 더 발전했을 것이다. 뒤늦게 하면 차별화하기 어렵다. 먼저 하면 시행착오가 많아 원하는 성과를 얻기 어려울 수 있지만 남들보다 더 잘할 수 있는 기회를 얻을 수 있다. 메타버스 패러다임이 다가오는 지금, 전혀 우리 기업과는 무관한 분야라 치부하지 말고 메타버스에 광고라도 해보자. ICT 시장 초기에는 다들 눈치만 보고 과감한 도전을 피하기 때문에 비용이 싸기 마련이다. 특히 메타버스 광고, 마케팅은 시장 초기 단계라 웹이나 모바일보다 비용이 싸다. 또한, 아직 제대로 된 마케팅 상품이나 정책이 마련되어 있지도 않다. 그렇기에 과감한 시도가 오히려 업계 표준이 될 수 있고, 적은 비용으로 큰 성과를 거둘 수 있는 가능성도 있다.

국내 서비스인 〈제페토〉든, 〈점프 VR〉이든 아니면 VR 게임과 〈로블록스〉, 〈포트나이트〉와 같은 세계적인 메타버스향 게임에 가벼운 자사 브랜드 광고나 상품 마케팅을 시도해 보자. 성과에 대한 평가는 마케팅 그 자체가 아니다. 광고 집행을 통해 메타버스의 서비스 특징과 어떤 광고 집행이 효과적일 수 있는지 깨닫고 학습하기 위함이다. 수업료를 치룬다고 생각하고 최소 비용을 들여 광고를 해보자. 시장 초기 단계의 인터넷 서비스들은 사용자 저변 확대를 위해 서비스 개발에 집중 투자하기 때문에 돈이 되는 비즈니스 모델에는 상대적으로 관심이 덜하다. 즉, 메타버스는 시장 초기 단계라 광고 상품 구성이나 가격 구성, 정책이 결정되어 있지 않을 수 있다. 또, 최초 시도되는 마케팅 상품이나 구성이 미흡해 광고 효과가 떨어지기도 한다. 여러 시도를 하면서 다듬어가는 단계이기 때문에 막상 광고를 하려 하면 협의하며 조율해야 하는 것들이 많을 수 있다. 이런 것들이 오히려 메타버스 마케팅을 먼저 경험하며 학습할 수 있는 좋은 기회가 된다.

회사의 브랜드를 알리는 광고든, 특정 상품을 홍보하는 마케팅이든 추진하는 과정에서 메타버스에 어울리는 광고 방법을 찾아갈 수 있을 것이다. 또한 아바타를 이용하든, 아바타의 옷이나 건물을 이용하든, 디지털 오브젝트를 이용하든, 공간을 이용하든 광고를 집행하면서 마케팅 목적에 따라 어떤 형태가 적합한지 깨달을 수 있을 것이다. 핵심은 메타버스를 통해 광고를 집행해서 홍보 효과를 얻는 것이 아니다. 가장 간단하게 그리고 큰 비용 손실 없이 메타버스를 기업 차원에서 경험하며 학습한다는 것이다. 기업에서 메타버스와 관련된 해볼 만한 비즈니스 기회를 찾는 과정은 그리 쉬운 일이 아니다. 우선 메타버스가 무엇인지도 제대로 분석하기 어려운 마당에 비즈니스 전략을 도출할 수는 없다. 심지어 할 일도 많은데 검증도 안된 메타버스에서 무엇을 할지를 고민해서 찾는 것만 해도 왠만한 기업에서는 1~2년 이상 걸린다. 그러니 적은 비용으로 명확한 목적 설정이 가능한 단순 마케팅, 광고를 하는 것으로 메타버스를 경험해 보면 사업 아이디어를 찾는 데 실질적 도움이 될 것이다. 괜히 메타버스 대응 전략을 찾고자 수억 원 들여 컨설팅 받고 TF를 만들어 전략 도출을 하는 것보다 100배 나은 방법이다.

〈제페토〉에서 열린 블랙핑크의 팬미팅

가상의 상품과 건물 만들기

가벼운 광고를 메타버스에서 실어 경험과 지식을 얻었다면, 이 제 메타버스에서 직접 무엇인가 만들어보면 좋다. 좀 더 실체적인 PR을 위해 회사 건물을 만들거나 회사의 브랜드나 CI를 알리는 아바타, 공간 등을 만들어 보는 것도 좋다. 카카오톡 이모티콘을 기업 PR을 위해 만드는 것처럼 메타버스 속 디지털 오브젝트를 만들면 회사 홍보가 가능하다. 단순히 광고 집행을 하는 것을 넘어 메타버스에 회사의 아이덴티티가 들어간 창작물을 만들어 보는 것이 좀 더 메타버스에서의 사업 기회를 포착하는 데 도움을 줄 것이다.

메타버스 저작툴이 워낙 다양해지고 있고, 홈페이지 만드는 것처럼 메타버스 내에 디지털 오브젝트를 만드는 디자인 회사들도 있어 이들을 통해 회사 건물이나 특정 오브젝트를 만들어 공개하는 것도 좋다. 좀 더 여유가 된다면 메타버스 오피스를 만들어 회사 직원들이 재택근무 시에 이 오피스에 연결해서 회의하는 실험을 해봐도 좋다. 그 과정에서 메타버스를 체험해 보면 탁상공론이 아닌 좀 더 실체적인 메타버스 대응 방안에 대한 현실적인 아이디어가 떠오르는 데 도움을 받거나 한계와 걸림돌을 피상적이 아닌 온 몸으로 제대로 느낄 수 있을 것이다.

회사에서 제조 혹은 판매하는 오프라인 상품이 있다면 아예 그걸 메타버스에서 정교하게 만들어 사용자들에게 공개 혹은 일부 유료로 판매해 보는 실험도 좋다. 아직 메타버스에서 회사가 어떤 비즈니스 기회를 찾아야 할지 확정할 수 있는 상황이 아니기 때문에 이 같은 가벼운 시도는 말 그대로 의미를 부여할 필요가 없다. 회사에서 가벼운 시도에 의미를 부여하고 미션을 정하면 더 이상 가볍게 시도할 수 있는 것이 아니다. 무슨 비즈니스 기회를 찾아야 할지도 정하지 않았기에 이런 시도는 아무런 부담 없이 가볍게 할 수 있어야 한다. 가볍게 도전해야 다양한 시행착오가 있고 그 속에서 사업 아이디어를 찾아갈 수 있는 것이다.

세계적인 명품 의류 브랜드나 스포츠 용품 회사들이 메타버스에서 사용할 수 있는 디지털 액세서리나 신발, 농구대, 공 등을 만들어 마케팅 목적으로 공짜로 공개하거나 돈을 들여 판매하고 있다. 메타버스가 아직 충분히 보급되지 않은 상황에서 이렇게 시도하는 이들의 전략이 당장 수익을 위한 것은 아니다. 또, 첫 시도인만큼 괜한 역풍이나 비용 손실 등의 우려가 없다고 볼 수도 없다. 그럼에도 불구하고 시도를 하는 것은 그 과정 속에서 배움이 있기 때문이다. 그 배움이 다른 기업보다 먼저 얻게 됨으로써 메타버스가 보편적 패러다임으로 자리 잡기 전에 메타버스에 대한 전략과 실행도 먼저 할 수 있게 될 것이다.

〈제페토〉에서 소개된 나이키의 옷과 신발들

경영진의 메타버스 체험

회사의 주요 의사 결정자인 경영진은 고객과 멀리 있고 현장에 내린 지시가 실제 100% 의도대로 전달되어 어떤 우여곡절을 겪으면서 최종 산출물을 향해 가는지 파악하기가 힘들다. 그래서 자꾸 중간 확인과 보고를 받으며 점검을 하고 재지시를 내린다. 하지만 메타버스라는 본질, 그리고 앞으로의 시장 전망, 더 나아가 그런 변화 속에 우리 회사가 가져야 할 전략과 원하는 목적, 목표 그것을 달성해가는 과정의 방법을 경영진이라고 알 수 있겠는가? 한마디로 생경하기만 한 메타버스를 이해하는 것도 어려운데 거기서 뭘 할지를 정하는 것은 더 어렵다. 이것을 더 잘 모르는 경영진이 검토하고 의사 결정하기란 더 어렵기만 하다. 그러니 기존의 고정 관념에 기대어 판단을 내릴 수밖에 없다. 그 판단이 최적의 의사 결정이 아니라는 것은 상식이다.

메타버스와 같은 신세계는 피상적으로, 이론적으로, 개념적으로 이해하려 하지 말고 직접 경영진이 앞장서서 겪어 보는 것이 중요하다. 2010년 스마트폰이 국내에 막 보급되기 시작할 무렵, 나는 다음커뮤니케이션에 근무하고 있었고, 모바일 사업 TF를 책임지고 있었다. 그즈음 모바일 시장의 확산과 보급이 심상치 않음을 직감한 경영진은 스마트폰을 전 직원에게 무료로 주고, 이 시장에 대한 경험과 대안을 현장 중심으로 모든 직원이 찾을 수 있도록 독려하는 결정을 내렸다. 그 배경에는 TF를 맡고 있던 나의 주장보다는 경영진이 직접 스마트폰을 체험하면서 느끼고 깨달은 인사이트가 있었다. 경영진은 장기적 안목으로 다양한 정보와 깊은 연륜을 가지고 회사의 방향타를 움직이고 투자와 전략을 승인하는 위치에 있다. 남다른 혜안을 가지고 조직의 운명을 결정한다. 경영진이 메타버스라는 새 세상을 이해하는 가장 좋은 방법은 조찬 세미나에 가서 1~2시간 메타버스 전문 강사의 특강을 듣고, 300여 페이지의 전문서를 읽고, 국내외 메타버스 전문가와 2~3시간 인터뷰나 자문을 받는 것이 아니다. 직접 메타버스를 체험해 보는 것이다. 일회성 이벤트로 그치지 말고 좀 더 오랜 시간을 투자해 다양하게 체험할 필요가 있다.

직접 여러 메타버스 서비스들을 추천 받아 회의와 업무를 해보고, 아바타도 직접 만들어서 사용해 보는 실행이 필요하다. 직접 해보면 백번 보고 듣는 것보다 더 깊은 시사점을 발견할 수 있다. 단, 경계해야 할 것이 있다. 아무래도 신문물, 신기술에 대한 반응이 MZ 세대나 고객만큼 편할 리 없고, 경우에 따라 편견과 아집으로 오판할 수 있다는 점이다. 그러므로 나의 경험이 진실인양 호도하지 말고 주변의 직원들, 자녀들과 함께 체험하고 이야기를 나누어야 한다. 그들의 생각과 경험에서 얻은 시사점과 내 경험이 무엇이 다른지 비교해야만 한다. 책에서 발견하기 어려운 견해를 스스로의 경험과 주변의 체험을 통해 얻어내야 한다. 직간접적으로 얻게 된 메타버스에 대한 경험이 회사의 메타버스 전략을 찾아가는 데 큰 힘이 될 것이다.

〈점프(Jump) VR〉에서 열린 순천향대의 신입생 입학식

메타버스 신사업 조직 구축하기

다가올 미래의 거대한 변화의 패러다임에 보다 적극적 대응과 시도를 해보기로 결정했다면, 확신 없는 이 시장에 대한 대응을 전사 조직이 달라붙어 추진하는 것은 기회비용의 낭비가 너무 클 수밖에 없다. 소규모의 전담 TF를 통해 작고 가볍게 그리고 빠르게 추진해 보면서 실패와 작은 성과를 얻으면서 전략을 구체화해 가는 애자일(Agile) 방법론으로 사업 기회를 모색해 가는 것이 좋다.

기술을 아는 전문가 집단의 구축

메타버스는 첨단 ICT 기술들이 총망라된 플랫폼이다. 대표적으로 AR, VR 등의 하드웨어를 포함해 사물인터넷 그리고 클라우드와 AI, 빅데이터와 블록체인의 NFT가 활용된다. 메타휴먼을 만들어 내는 3D 엔진과 각종 디지털 오브젝트를 만들어 주는 저작툴, 엣지 컴퓨팅(Edge Computing) 기술도 중요한 역할을 한다. 이처럼 다양한 기술들이 이용되기 때문에 기술을 모르면 메타버스 관한 여러 사업 구상이나 전략을 도출하기 어렵다. 그렇다고 메타버스를 학습해 가며 역량을 키우는 방식은 위험하다. 이 많은 기술들이 혼합되어 메타버스가 구축되기 때문에 기술에 대해 충분한 지식이 없다면 이 모든 기술을 배우는 데만 해도 시간이 걸릴 수 있기 때문이다.

초기에는 사내외에서 모바일 서비스나 사업, 마케팅 등을 경험한 전문가와 현업 담당자들을 위주로 팀을 구성하는 것이 좋다. 절대 기술을 배워서 사업을 전개해 가려고 해서는 안된다. 자체적인 개발팀을 둘 여력이 없어 아웃소싱을 통해 진행할 경우가 대부분인데, 이 경우에는 더더욱 기술을 잘 아는 전문가가 TF에 참여해야 한다. 기술을 모르고 외부에 개발을 맡기면 주객이 전도될 수 있고, 급변하는 메타버스 시장의 변화 속도를 맞추며 빠른 의사 결정과 방향 수정이 어렵다. 단, TF 구성 전에 반드시 경영진 차원에서 의사 결정을 해주어야 할 것이 있다. 바로 Why와 When에 대한 결정이다. 우리 회사가 이 TF를 왜(Why) 만들었는지에 대한 정의를 해줘야 한다. 왜 메타버스 시장에 우리 회사가 관심을 가지고 있는지, 이 TF가 어떤 역할을 해주기를 바라는지에 대한 존재 이유에 대해 명확히 의사 결정권자들이 선언을 해줘야 한다. 돈을 벌고자 하는 것인지, 메타버스에서 우리 기업이 활용할 가능성을 찾아보고자 하는 것인지, 메타버스를 마케팅 도구로 활용할 기회를 판단하고자 하는 것인지, 투자 이윤을 꾀하고자 우리 산업과 관련 있는 메타버스 유망 기업과 기술을 파악하고자 하는 것인지 등 TF의 존재 이유에 대해, 명확하게 정의를 해줘야 한다.

그리고 필요한 것이 바로 시간(When)이다. 이 TF가 언제까지 운영되기를 바라는지에 대한 선언도 중요하다. TF가 답을 찾는 데 걸리는 시간을 명시화해야 한다. 최소 2년인지, 우선 1년을 해보고 평가 후 1년을 더 연장하려고 하는지, 3년 간은 유지할 것인지, 기간을 정의해야 한다. 아예 시간을 정하지 않고 TF를 통해 해소하고 싶은 질문에 대한 답을 찾는 시점까지로 정의하는 것도 답이다. 중요한 것은 시점에 대한 고민과 의견을 말해줘야 한다는 것이다. 이후 TF의 역할은 그 기간 내 TF가 만들어진 이유에 대한 답을 찾고자 무엇을 어떻게 할 것인지 정하면 된다. 즉, What과 이를 달성하기 위한 How에 대한 정리를 해서 의사 결정권자와 합의를 해야 한다. 바로 메타버스 전략 구상에 대해 무엇을 어떻게 할 것인지를 정리하는 것이다. 이 전략 안에는 TF에 추가적으로 필요로 하는 인력 즉, Who에 대해 내부와 외부(자문단이나 아웃소싱 등을 포함)의 인력들에 대한 내용과 비용, 로드맵에 따른 기간별 목표 등이 제시되어야 할 것이다.

단, 이 전략에는 두 가지의 원칙이 있다.

첫째, 전략은 수정될 수 있도록 유연해야 한다. 메타버스는 만들어진 플랫폼이 아니라 만들어져 가고 있는 초기 단계의 시장이다. 상당히 많은 변수로 인해 변화가 무쌍하다. 그런 만큼 우리의 메타버스 전략도 시장 변화에 따라 수정될 수 있어야 한다.

둘째, 전략안 도출에 2개월 이상이 걸려선 안된다. 유연한 전략인만큼 허술할 수 있고, 진행 중 수정될 수 있기에 너무 오랜 기간 전략안을 구성하는 데 에너지를 소비해서는 안된다. 어차피 수정보완이 될 수 있는 전략인 만큼 개략적 스케치를 해두고, 산출물을 보면서 중간에 수정한다는 전제로 전략안 도출은 2개월 이내에 완수하는 것이 좋다.

자기 완결형 조직 체제 정비

TF 구성 이후 전략안에 대한 의사 결정권자와의 공감대가 형성되어 실행에 옮겨지면 적어도 6개월 내에 가시적인 산출물이 나올 수 있어야 한다. 그렇게 나온 산출물을 가지고 시장 반응과 함께 내부 평가와 판단이 필요하다. 이후 전략을 대폭 수정해서 전혀 다른 방향으로 다시 시도할지, 부분 보완해서 더 투자할지, 중단하고 새로운 가능성을 모색할지, 아니면 메타버스에 대한 유보적인 태도를 언제까지 유지하고 잠정 중단할 것인지에 대해 결정해야 한다. 최적의 결정을 하기 위해서는 가급적 회사 내에서 여러 직무 부서들이 참여할 수 있도록 TF를 구성하는 것이 좋다.

즉, 상품 기획과 영업, 마케팅 그리고 생산과 제조, 연구 개발 등 여러 부서의 인력들이 골고루 참여해 TF를 구성하는 것이 바람직하다. TF가 여러 관련 부서들과 빠른 커뮤니케이션이 가능하도록 인력 구성을 해야 TF 본연의 목표를 달성하는 데 집중할 수 있다. 또한, 서로 다른 직무 경험을 가진 인재들이 함께 의견을 나눠야 새로운 시장인 메타버스에 대한 보다 현실적이고 완전한 실행 전략이 나올 수 있다. 한마디로 각자 맡은 역할에 있어 전문성이 있고 다양한 의견들이 조합될 수 있는 자기 완결형 조직으로 구성해야 TF의 사업 추진 속도가 빠르고 완벽해질 수 있는 것이다.

더 중요한 것은 메타버스에서의 우리 기업이 할 수 있는, 해야만 하는 혹은 하지 않아도 되는 공감대 형성이다. 이것이 다양한 부서에서 모인 TF 구성원들의 머리와 가슴에 쌓이면, 전사로 확대될 수 있는 밀알이 된다. 메타버스가 우리 기업의 BM 혁신과 중요한 연결 고리가 있고 활용의 기회가 크다면 이들 TF가 전사 조직으로 확대되고, 경우에 따라 모든 전사 부서가 동참을 해야 하는데 이때 이 멤버들이 제 역할을 할 수 있다. 반대로 메타버스는 우리 기업의 비전이나 영역에서 하등의 관련이 없고 불필요하다는 판단을 해서 다른 시장 트렌드에 집중해야겠다는 의사 결정을 하게 되더라도 이 TF 멤버들이 원래 부서로 복귀해서 사내에 TF와 경영진의 인사이트가 곡해 없이 전달되도록 설명하고, 알려줄 수 있다.

애자일 방법론과 조직 체계 구축하기

TF가 짧게는 1년, 길게는 3년의 메타버스 속 사업 기회를 탐색해 가는 과정에 있어 소기의 성과를 거두기 위해서는 두 가지의 일반적인 ICT 기업, 기술 중심의 스타트업들이 자주 사용하는 애자일(Agile) 방법론을 도입하는 것이 좋다. 신규 시장 개척과 새로운 BM 혁신을 위해 필요로 하는 가장 중요한 요소로 디지털 트랜스포메이션, 공유 인프라, 글로벌라이제이션, SV 추진 등 다양하지만 그 근간은 일하는 방식의 혁신이다. 일방혁을 위한 여러 가지 툴로 '디자인 씽킹(Design thinking)'과 '린(Lean) UX', '애자일' 세 가지의 방법론은 최근 성장하는 ICT 기업들에서 검증된 것들이다. '디자인 씽킹'

은 고객 중심의 사고를 기반으로 한 문제 해결과 사고 방식을 뜻하고, '린 스타트업'은 프로젝트 위험을 최소화하고 사용자 중심의 제품 개발을 위한 개발 방법론이며, '애자일'은 실행에 중점을 두고 고객 및 시장 테스트를 거쳐 점진적인 개선을 통해 서비스를 개발하는 방식을 뜻한다. 이중 애자일 방법론을 추진하기 위한 조직 체계는 사업 혁신을 위한 조직 운영 방안으로 각광을 받고 있다.

애자일이 주목 받는 이유는 애자일 조직 체계로 운영한 기업들의 비즈니스 성과가 높기 때문이다. ICT 기업인 구글, 애플, MS, 스포티파이 그리고 국내의 카카오, 토스, 배달의민족 등은 애자일 방식으로 서비스와 소프트웨어를 개발한다. 애자일 방법론이 소프트웨어 개발에 진가를 발휘하기 때문에 당연히 ICT 기업에서 이 같은 방법론을 애용하는 것이다. 게다가 일반 전통 기업, 굴뚝 기업도 최근 급변하는 산업 변화와 기업에 요구하는 끝없는 BM 혁신에 대응하는 툴로 애자일에 대한 관심과 기대가 높다. 네덜란드 ING 은행부터 자라, H&M 등의 SPA 브랜드와 제조업, 통신업, 건설업 등 전 산업 분야에 애자일 바람이 불고 있다. 국내에도 기업은행, 신한금융투자 등의 금융 기업들이 토스와 카카오뱅크 등이 핀테크 분야에서 성과를 보이고 있는 것에 위기감을 가지고 이들의 성공 툴의 하나인 애자일을 적용하고 있다. 이외의 국내 대기업들도 보다 빠른 비즈니스 혁신을 추진하기 위해 애자일을 속속 도입하고 있다. 이 같은 방법론이 메타버스에 새로운 사업 구상을 하는 TF의 운영에도 실질적 도움을 줄 것이다.

애자일 방법론을 이용해 조직을 운영할 때 최대 강점은 사업 추진 과정상의 리스크를 최소화하고 성공 가능성을 높일 수 있다는 점이다. 메타버스는 시장 초기인데다 다양한 기술들의 조합으로 발전되고 있어 변수가 많고 이를 최소화하기 위해 여러 단계를 거치며 전략을 다듬고 정교한 시뮬레이션을 하면서 점검해야 한다. 하지만 예상치 못한 변수는 늘 있기 마련이고 그 과정에서 재점검과 전략의 재수립이 이루어져야만 한다. 그런데 이런 과정을 거치면 속도는 더디고 사업 혁신은 퇴색되는 것이 사실이다. 애자일 조직 운영은 이 같은 리스크를 최소화하면서 빠른 사업 혁신을 가능하게 해준다. 특히 최근 20년 간 디지털 산업 영역에서 눈부신 성과를 보이고 있는 기업들이 애자일 방법론과 애자일 조직 운영으로 성과를 보이면서 전통 기업까지 이에 대한 관심을 보이고 있는 것이다.

애자일 조직은 현장 중심의 의사 결정을 통해 기민하고 민첩하게 업무 처리가 가능하도록 해준다. 현장 중심의 의사 결정이 가능하려면 어떻게 해야 할까? 불필요한 레이어를 줄이고 보고와 회의 단계도 최소화해야 한다. 한마디로 권한 위임을 현장에 최대한 주고, 스스로 판단해서 사업 추진이 가능하도록 보장해줘야 한다는 것이다. 대부분 이런 뻔한 사실을 알면서도 그렇게 하기 어려운 이유가 무엇일까? 실패가 두렵고 못 믿기 때문이다. 이에 사장, 전무, 상무, 부장 등이 모든 사안을 확인하고 체크한다. 그렇게 되면 현장은 보고와 결재를 받는데 더 많은 시간을 집중하면서 실제 업무에 집중하기 어렵게 된다. 게다가 고객과 시장 중심으로 판단하며 사업을 추진하는 것이 아니라 상사의 눈치와 의사 결정에만 의존해 실제 현장의 목소리가 제대로 반영되지 못할 확률이 높아져 오히려 리스크가 커진다. 그래서 현장 중심의 의사 결정 구조를 만들어 주기 위해서는 충분한 권한 위임 외에도 수평적 조직 문화가 뒷받침되어야 한다. 단지 의사 결정권만 현장에 주는 것을 넘어 수평적으로 의견을 적극 개진하고 생각을 나눌 수 있는 구조가 되어야 진정한 애자일 조직 체계가 마련되는 것이다. 이를 위해서 직급도 없애고 상사의 승인과 결재를 받는 보고도 최소화하는 것이다. 많은 애자일 조직은 직급 없이 이름만 부르거나 영어 닉네임을 쓰곤 한다.

애자일 조직의 큰 특징은 짧은 주기로 목표를 수립하고 점검하며, 시장의 반응을 보면서 반복적으로 수정 보완해가는 것이다. 이를 위해서는 참여자 모두가 같은 정보에 연결해서 생각을 나누며 신속하게 모든 상황을 인지하고 대응해야 한다. 그러려면 당연히 하나의 팀으로 구성되서 정보의 격차 없이 논쟁하고 상호 통제하면서 각자의 전문 영역에 맡은 바 책임을 다해 나가야 한다. 때문에 이 같은 애자일 조직의 평가 방법도 기존 평가와는 달라야 한다. 관리자를 통한 일방적 상대 평가가 아닌 다면 평가와 절대 평가가 위주이다. 평가 주기도 1년 단위가 아닌 프로젝트에 맞게 짧거나 길게 가져간다. 단일 팀의 구성도 프로젝트가 끝나거나 어떤 목적 달성이 이루어지면 해체되어 과제 중심으로 이합집산이 이루어진다. 그만큼 유연한 조직 구성을 가진다. 나는 아메바 조직이라고 칭한다. 애자일 조직은 아메바처럼 환경의 변화에 따라 자신의 형태를 바꿔가며 분열과 합체를 거듭하는 유연성이 있기 때문이다.

애자일 방법론은 바텀업(bottom-up) 방식으로 현장 중심의 의사 결정을 반복적으로 하며 점진적 개선을 하는 것이고, 이를 위해 조직 구성을 수평적인 자기 완결형으로 만드는 것이다. 그런데 이때 현장 중심의 의사 결정이 의미하는 바는 고객 가치 중심이라는 것이다. 현장에 있는 사람들이 일방적으로 의사 결정한다는 것이 아니라 고객 가치 중심으로 판단한다는 것이다. 사실 수평 문화, 현장 중심의 의사 결정이라는 것이 잘못 해석되면 사공이 많아 배가 산으로 가듯 의사 결정이 지연되거나 혼란에 빠질 수 있다. 현장에 매몰되어 회사 차원의 사업 비전과 목적을 잊은 채 잘못된 판단을 할 수도 있다. 의사 결정에 있어서 이정표가 있어야 한다. 그 이정표가 바로 고객 중심의 판단이다. 메타버스에서 신사업 아이디어를 찾고 여러 시도를 하며 산출물을 낸 후에, 이에 대한 평가는 철저하게 고객 중심이어야 한다는 것이다.

　사업 전개 과정에서 빠르게 의사 결정을 하면서 전략을 유연하게 대처하는 데 있어 중요한 기준점은 있어야 한다. 그 기준이 바로 고객 반응, 고객 가치 중심의 결정이다. 그렇게 하기 위해 필요한 것은 고객의 입장과 의견에 대한 수집과 분석이다. 고객 반응을 알아야 고객 가치 중심으로 판단하고 결정할 수 있기 때문이다. 그런 이유로 애자일 조직 운영에 있어 또 다른 고려점은 고객의 반응을 어떻게 체크하고 점검할 것인가이다. 고객의 생각을 읽고 이를 데이터화하는 방법이 있어야 이를 근거로 의사 결정을 할 수가 있을 것이다. 이렇게 메타버스의 새로운 도전에 대해서도 기존의 기업이 가지고 있던 관성이나 고정 관념으로 해석하지 않고 고객 중심으로 해석하려면 이를 위한 애자일 조직 체계를 구축하는 것이 필요하다. 더 나아가 이것을 실제 사업의 프로세스에 적용하는 것을 '린 스타트업'이라 한다. 제품이나 시장을 발달시키기 위한 업무 프로세스의 하나로 애자일과 고객 중심 경영 등을 보다 체계적으로 사용하기 위한 개발 방법론의 일종이다. 이런 것을 메타버스 TF에 적용한다면 성과를 얻는 데 도움이 될 것이다.

Chapter 2

학습과 투자,
무엇을 어떻게 준비할 것인가?

다가오는 메타버스 세상의 변화는 알겠고 뒤처지지 않고 내 커리어
에 도움이 되도록 하려면 지금 뭘 해야 할까? 책을 읽고 유튜브를 보
는 것으로는 부족한 것 같고, 관련 기업에 투자할까? 괜히 메타버스
배운다고 게임에 빠졌다가 돈은 돈대로 쓰고 시간은 시간대로 낭비
하는 것은 아닐까? 배우는 것만으로 충분할까? 배움은 충분한 걸까?
이 복잡하고 급변하는 기술의 시대에 난 뭘 어떻게 해야 할까?

다가오는 제3의 인터넷 세상,
우리는 어떤 준비를 해야 할까?

늘 과거에서 배워야 한다. 10년 전인 2010년경, 모바일이 막 트렌드가 되어 새로운 시장이 개척되어 갈 때를 돌아보자. 그 시기에 지금 큰 성과를 얻고 있는 사람들은 무엇을 준비했을까? 이미 답은 나왔다. 당시 스마트폰으로 게임이나 하고 카카오톡 등을 쓰기만 했던 사람은 그때나 지금이나 다를 바가 없다. 하지만 새로운 사업의 가능성을 엿보고, 관련된 모바일앱을 개발하거나 시장이 확대될 수 있는 비즈니스 솔루션을 만든 사람들은 큰 기회를 얻었다. 마케팅, 영업, 회계 등에서 모바일을 이용해 업무를 개선시키고 성과를 높일 수 있는 방법을 찾은 사람들은 보다 전문성을 발휘했다. 금융, 유통, 요식업 등 특정 산업 분야에서도 모바일로 새로운 서비스와 사업 아이템을 찾은 사람들은 큰 성과를 얻었다. 10년 후 메타버스에서 어떤 기회를 포착할 것인지는 지금 우리의 태도에 달려 있다.

백견이 불여일행, 메타버스 속으로 뛰어들기

　AI가 산업 전 분야에서 활용되고 미래 사회에 인공지능이 중요한 보편 기술이 될 것임을 누구도 부정하지 않는다. 그런데 그렇게 중요하다는 AI 시대를 우리는 어떻게 준비해야 할지 답이 나오질 않는다. AI를 책, 세미나, 유튜브를 보는 것으로 학습이 될까? 또 그렇게 배운 AI가 내 일과 내 미래에 대한 답을 보장하는 것도 아니다. 메타버스 역시 마찬가지다. 메타버스가 웹이나 모바일만큼 우리 일상에 중요한 영향을 끼치고 새로운 비즈니스의 기회를 만들어낸다면 우리는 무엇을 준비해야 할까? 그저 책으로 배우는 것만으로는 부족하다. 직접 메타버스에 들어가 경험을 해봐야 책으로 배운 지식이 내 경험과 버무려져 지혜로 거듭나게 된다. 사실 메타버스를 구성하는 기술을 모든 사람들이 학습하고 다룰 필요는 없다. 대부분의 사람은 그 기술을 그저 잘 사용하면 될 뿐이다. 웹에서 필요로 하는 정보를 검색하고 모바일에서 카카오T나 리멤버와 같이 필요로 하는 용도의 앱을 잘만 사용하면 될 뿐, HTTP나 API, SDK를 학습할 필요는 없다. 메타버스 역시 3D 렌더링, AR, VR 등의 기술적 사항을 공부할 필요는 없고 그저 메타버스를 이용해 좀 더 생산적으로 사용할 수 있는 최소한의 정보만 얻으면 된다.

　직접 체험해 보는 것이 가장 중요하다. 메타버스 관련 기기나 서비스들을 온 몸으로 느껴보면서 기존의 웹이나 모바일과 비교해 어떤 점이 편리하고 강점이 있는지를 경험하며 각자의 환경(근무하는 기업, 관련 산업 분야, 취업 준비 중인 영역, 전공 등)에 맞게 어떻게 활용할 것인가 고민해 보는 것이 필요하다. 가장 좋은 것은 오큘러스 퀘스트2와 같은 VR 장비를 구매해서 가벼운 게임이나 〈스페이셜〉과 같은 VR 회의 앱을 이용해 보는 것이다. 여의치 않으면 스마트폰 앱으로 〈제페토〉나 〈점프 VR〉, 〈렉 룸〉과 같은 앱을 사용해 보는 것도 좋다. 하지만 경계해야 하는 것은 나만의 경험에 함몰하는 것이다. 편견에 사로 잡혀서는 안된다. 즉, 타인의 경험에서도 배울 수 있어야 한다. 다른 사람들은 메타버스를 어떻게 바라보고 이해했는지를 알기 위해 블로그나 유튜브 등에서 메타버스 관련한 체험기를 보는 것을 추천한다. 내 경험과 타인의 경험이 섞였을 때 안목이 더 객관적이고 넓어진다.

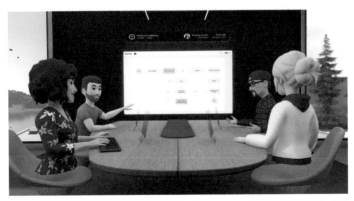

오큘러스를 이용해 〈호라이즌 워크룸(Horizen Workrooms)〉을 실행해 회의하는 모습

메타버스는 모바일을 넘어 새로운 플랫폼이자 신세계를 우리에게 선사하며 새 패러다임을 가져다줄 것임은 명확하다. 신기루가 아닌 신세계가 펼쳐질 것임은 아직 소수이긴 하지만 메타버스를 사용하는 사용자들의 몰입도와 경험담 그리고 이를 준비하고 있는 빅테크 기업들의 투자와 의지에서 엿볼 수 있다. 앞으로 새로운 시대를 열어줄 메타버스는 우리 일상을 넘어 산업계를 혁신하고 기업의 비즈니스에도 큰 영향을 줄 것이다. 이 같은 변화가 사회와 산업을 어떻게 바꿀 것인지 전망하고 준비하기 위해서라도 메타버스를 직접 경험하며 이해하려는 노력이 필요하다.

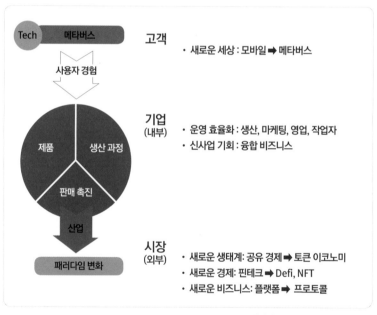

메타버스가 가져올 주요 시장 변화

단, 그 경험에서 배움이 있어야 한다. 경험을 기반으로 지식을 정리할 필요가 있다. 메타버스의 구성 요소, 경쟁 구도 그리고 메타버스로 인해 변화하는 우리 일상, 기존 웹, 모바일과의 차이, 산업별 영향 그리고 기업의 비즈니스 모델에 대한 변화상에 대해 구분을 한 다음, 내 경험의 연장선 상에서 해석해야 한다. 그 과정 속에서 통찰력이 생기게 된다.

남들은 무엇을 어떻게 하는지 염탐하기

메타버스에 대한 시장은 고객의 반응과 기업의 대응 속에서 끊임없이 변화한다. 그러므로 메타버스 시장을 제대로 이해하고 새로운 기회를 제대로 모색하려면 변화하는 시장에 대한 최신 정보를 파악해야 한다. 그러려면 메타버스 시장에서 주요 기업들이 어떻게 대응하고 무슨 사업을 하는지, 어떤 신기술이 등장했는지를 탐구해야 한다. 한마디로 여러 기업들의 움직임을 벤치마킹해야 한다.

기업들의 전략과 실행을 벤치마킹할 때는 두 가지에 유념한다. 첫째는 각 기업들을 영역별로 구분해서 살펴봐야 한다. 메타버스 경쟁 구도를 하드웨어와 소프트웨어 플랫폼으로써 접근하는 기업과 이 플랫폼에서 서비스를 만들어 도전하는 기업 그리고 이러한 메타버스 사업을 도와주는 후방 기술 즉, 백엔드 시스템과 솔루션을 만드는 기업 등으로 영역을 구분해야 한다. 각 기업이 어떤 영역에 속해서 사업을 전개하는지를 구분해서 이들의 실행을 분석해야 이들이 추진하는 사업이 주는 시사점과 목적을 보다 장기적 관점에서 이해할 수 있다. 물론 이 같은 메타버스 시장에 전통 기업이 새로운 사업 기회로 접근하는 것과 특정한 기존 산업의 문제를 해결하는 솔루션으로써 접근하는 것도 새 영역이기도 하다.

둘째는 이들 기업의 실행에 대한 이해 관계자들의 반응을 살펴봐야 한다. 메타버스에 도전하는 기업, 새로운 기술들이 실제 시장에 어떤 영향을 주는지를 고객 그리고 이들의 경쟁사, 관련된 파트너사들의 입장에서 진단해야 한다. 페이스북에서 새로 출시하는 퀘스트3, 애플이 준비하고 있는 MR 기기, 엔비디아(NVIDIA)가 출시하는 새로운 3D 저작툴, 네이버의 〈제페토〉에서 지원하는 VR 기기 등에 대해 사용자들, 전문가들, 구글이나 SKT, 관련 스타트업 등은 어떻게 반응하는지 유튜브와 블로그, 댓글을 통해 탐구해야 한다.

그리고 내가 속한 산업계, 직무 분야의 다른 기업들과 사람들은 어떤 고민을 하는지 들어볼 수 있어야 한다. 그러려면 여러 커뮤니티와 세미나 등을 통해 그들의 생각을 읽어볼 수 있도록 노력해야 한다. 당연히 ICT와 무관한 산업, 직무 영역에서는 메타버스에 대한 관심이 없거나 관련 지식이 미흡하기에 특별한 움직임이나 생각이 없을 수 있다. 같은 업계, 같은 직무에 속한 사람 간에 독서 토론이나 세미나를 열어 우리 산업과 기업, 우리 직무의 메타버스 속 미래를 생각하고 고민해 보는 기회를 가진다면 얻게 되는 인사이트의 양과 질은 달라질 것이다.

난 무엇을 왜 해야 할지 고민하기

메타버스에서의 여러 기업들의 움직임을 접하고, 우리 업계와 업무에 관한 다양한 생각들을 기반으로 이해가 깊어졌다면, 이제 내 자신으로 돌아와야 한다. 웹이나 모바일이 사례처럼 메타버스가 더 큰 폭으로 보급되고 확산되어 일반화되어 가는 근미래를 큰 기회의 장으로 삼으려면 난 지금 무엇을 해야 할까? 메타버스를 이해만 할 것이 아니라 더 나은 미래를 위해 나는 지금 무엇을 준비하면 될지 고민할 수 있어야 한다.

지인의 고등학생 아들은 평소 음악에 심취해 있는데, 오인페(오디오 인터페이스 기기)를 장만해 늦은 밤 시간까지 취미로 노래를 부르고 편집하고, 간단한 리듬을 만들어서 제작하기도 한다. 하지만 천재적인 재능의 아이들 혹은 전문성을 가진 아이들과 비교하면 그 결과물이 훌륭한 편이 아니다. 또 밤샐 정도로 열정이 넘치는 것도 아니다. 지인의 평가는 냉정해 재능도 없는 애가 겉멋만 들어서 쓸데없이 시간만 보낸다며, 더 잘할 수 있는 일의 기회를 놓치고 있다고 한탄하고 있다.

일찌감치 회사를 그만두고 작은 공방을 열어 인생 2막을 시작한 친구가 있다. 의자나 책상, 책장 등을 만들어 판매한다. 안정적인 은행에 근무하던 중에 명예퇴직을 하고 마련한 자금으로 개인 사업을 하는 셈이다. 하지만 근근이 사업을 이어가고 있다. 중저가의 브랜드 가구들이 많아 경쟁이 되지 않으니 근심 걱정에 이러지도 저러지도 못하고 있는 실정이다.

만일 이들이 메타버스를 제대로 이해한다면, 어떤 기회를 찾아볼 수 있을 것이다. 경쟁력은 떨어지지만 음악을 좋아하는 고등학생은 범용 음악이 아닌 메타버스에 최적화된 음악을 창작하거나 새로운 음악 서비스를 구상할 수 있을 것이다. 멜론이나 유튜브 뮤직에서 듣는 음악과 애플뮤직으로 에어팟 프로 등을 통해서 듣는 음악은 '공간 음향(Spatial Audio)'이라는 기술을 제공한다. 이는 돌비 애트모스 기술을 활용한 가상 서라운드 경험이다. 에어팟 프로를 착용하고 애플뮤직으로 음악을 들으면 머리의 움직임과 아이폰을 든 손의 움직임을 추적해 언제나 화면 중심으로 공간감 있는 소리를 들을 수 있도록 해준다. 음악 효과가 달라지는 것이다. 또한, 모바일 서비스의 보편화로 인해 3~4분짜리 음악 외에도 웹툰이나 카카오톡 이모티콘 그리고 테슬라 전기차의 경우에는 모든 자동차가 똑같은 경적음을 다르게 울리게 하는 등 여러 요소에 효과음이 사용된다. 이 모든 곳이 새로운 음악 서비스가 적용될 수 있는 분야다.

메타버스에서의 음악은 과연 어떨까? 메타버스에서는 마케팅과 광고 그리고 게임과 서비스에 어떤 음악이나 효과음이 사용될까? 메타버스에서 듣는 음악은 기존의 음악과 무엇이 어떻게 다를까? 그것을 가능하게 하는 기술과 음악 제작 방식은 무엇일까? 음악에 관심 있는 고등학생에게 새로운 상상의 세계이고, 새로운 미래의 기회를 찾아볼 수 있는 영역일 것이다.

새로운 사업을 하며 고심 중인 50대의 자영업자도 메타버스를 제대로 이해한다면, 자신이 하는 가구 제작업에 메타버스를 어떻게 이용할 수 있을지 상상하면서 다양한 시도를 해볼 수 있다. 가구 제작을 위해 스케치한 도안을 메타버스용 디지털 가구로 만들어 홍보를 위해 활용하고 판매하는 마케팅의 가능성도 타진해볼 수 있다. 세계 최초로 메타버스에서 인식이 완벽하게 되는 디지털 인식 기능을 갖춘 책상과 의자를 선보이는 것도 가능할 수 있다. 메타버스에서 인기 있는 게임 속 가구나 소품을 만들어 판매하는 것도 시도해 볼 수 있다.

메타버스를 강 건너 불구경하듯 볼 것이 아니라 내가 하고 있는 일, 내가 관심있는 꿈의 연장선상에서 고민하면 남들이 못한 기발한 아이디어가 발현되고, 새로운 사업 기회나 일의 가능성을 찾아 볼 수 있을 것이다.

메타버스에서
창작 활동과 주인공되기

웹, 모바일 덕분에 개인이 가질 수 있는 영향력의 기회는 과거와 달라졌다. 누구나 글을 쓰고 만화를 그리고 영상을 만들어 방송할 수 있게 되었다. 물론 누구나 창작할 수 있지만 아무나 주목받는 것은 아니다. 하지만 기존과 달리 적어도 재능만 있으면 쉽고 공짜로 사용할 수 있는 저작툴과 전 세계 사람들에게 소개할 수 있는 마켓이 있어 주목받을 수 있는 공평한 기회는 누릴 수 있게 되었다. 메타버스는 1인 창작자에게 더 강력한 툴과 마켓을 제공하는 기술이다. 텍스트, 이미지, 비디오, 오디오를 넘어 게임, 공간, 인터랙티브한 모션, 디지털 오브젝트에 이르기까지 상상할 수 있는 모든 것을 창작해 이를 거래할 수 있는 새로운 창작의 시대가 열렸다.

창작자의 시대를 열어준 '크리에이터 이코노미'

유튜브나 아프리카TV, 인스타그램에는 셀럽들이 넘쳐 난다. 방송이나 영화에서나 보던 연예인들이 이러한 디지털 플랫폼을 통해 활동하는 것을 보면 디지털 미디어, 디지털 콘텐츠 중심의 시대가 열렸음은 누구도 의심하지 않는다. 그런데 그런 셀럽의 시대, 1인 미디어의 시대가 이제 하나의 거대한 경제 생태계로 한 단계 도약될 것이다. 즉, 메타버스 시대가 열리면 1인 창작자 중심의 경제계인 '크리에이터 이코노미(Creator Economy)'가 본격화될 것이다. 크리에이터 이코노미는 기존의 1인 미디어와 3가지 점에서 다르다.

첫째, 창작의 대상이 보다 폭 넓어진다. 〈로블록스〉나 〈마인크래프트〉에서는 초등학생들이 직접 게임이나 오브젝트를 만들어 공개하는 경우가 다반사다. 어떻게 초등학생이 게임을 만들 수 있을까? 저작툴이 쉽기 때문이다. 마치 HTML 언어를 몰라도 누구나 블로그를 개설하고 카페를 만들어 웹에서 서비스를 할 수 있는 것처럼 로블록스에서의 게임도 로블록스에서 제공하는 저작툴을 이용하면 실제 컴퓨터 프로그래밍을 몰라도 개발이 가능하다. 메타버스에서는 저작툴 사용이 쉬워져 아바타, 의류와 각종 건물, 디지털 오브젝트를 쉽게 개발할 수 있다. 그래서 누구나 쉽게 이런 저작툴을 이용해 다양한 종류의 디지털 창작물을 만들 수 있다. 그것이

글이나 그림, 영상이 아닌 다양한 형태라는 것이 기존과 크게 다른 점이다.

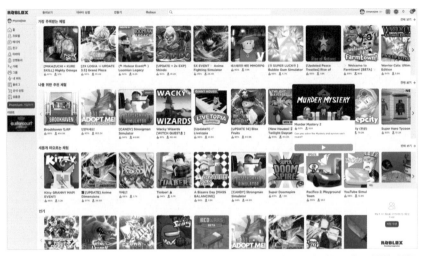

로블록스 스튜디오로 만든 다양한 게임들

둘째, 창작자가 다양한 저작툴과 마켓을 선택한다. 카카오톡의 이모티콘은 카카오톡 내에서만 사용할 수 있고, 유튜브에서 셀럽은 유튜브 알고리즘에 의해 지배당하기 때문에 다른 채널보다 유튜브에서만 집중해 활동한다. 인스타그램 셀럽이 틱톡에서까지 영향력을 확대해 가며 활동하기에는 제약이 많다. 즉, 인터넷 셀럽은 특정 채널에 한정해서 집중 활동한다. 그 채널에서 배제되면 그 셀럽의 수명도 다하게 된다. 그래서 2005년 파워 블로거가 2015년 유튜브의 셀럽으로 수명을 연장하지는 못한다. 채널의 알고리즘에 길들여져 다른 영역으로 활동 범위를 확대하기가 어렵고 또 같은 채널 다른 셀럽 경쟁자와의 경쟁에서 이기기 어려워서다. 반면 메타버스는 훌륭한 도구와 표준화된 프로토콜 덕분에 오픈 마켓이 활성화되어 1인 창작자의 입지가 커져갈 것이다. 플랫폼의 눈치를 보기보다 고도화된 기술로 무장한 개인의 강력한 창의력이 우대받게 될 것이다.

셋째, 창작물에 대한 거래가 다변화된다. 1인 미디어 시대의 셀럽들은 열심히 공들여 올린 창작물 그 자체로 돈을 벌기보다 그 창작물이 등록된 채널에서 제공하는 광고 마케팅을 통해 수익을 얻을 수 있다. 그것도 플랫폼 기업이 정한 규정하에 수익화를 꾀할 수 있다. 반면 메타버스의 크리에이터 이코노미는 개인이 기술을 통해 그리고 메타버스의 신세계 속에서 다양한 수익 모델을 창의적으로 만들어갈 수 있다. 그런 거래를 가능하게 한 것이 NFT를 포함해 암호화폐 등을 통한 거래 수단의 등장 덕분이다. 이러한 화폐를 통해 창작물을 팔거나 창작물을 다양하게 메타버스 내에서 이용하도록 함으로써 비즈니스 모델을 고도화해 갈 수 있는 것이다.

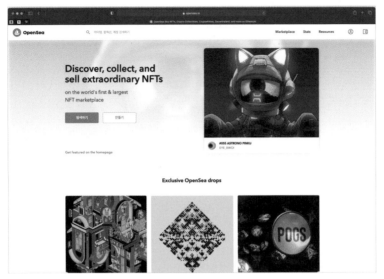

NFT 마켓인 오픈시

　　이렇게 개인 창작자에게 주어진 기술과 막강한 파워는 조직력과 자원 기반으로 다양한 비즈니스를 만들어가는 기업이 BM 혁신을 통해 경영 활동을 할 수 있는 것처럼 메타버스에서 경제 활동을 가능하게 해줄 것이다.

지구 아래 새로운 것은 없다, 남들 아이디어 엿보기

　　메타버스에서 개인이 경제적 주체가 되어 비즈니스를 만들어

가는 과정에서 가장 중요한 것은 독특한 창조력이다. 기발한 아이디어가 기술이 상상의 공간인 메타버스를 만나면 비즈니스의 기회가 생긴다. 이를 위해 우선 메타버스에 대한 기술적 이해와 특징들에 대한 기본적인 지식이 있어야 한다. 뭘 할 수 있을지 알아야 아이디어도 떠오를 수 있는 법이다. 그러니 메타버스의 이론적 배경에 대해서 이 책을 읽고 직접 경험하며 충분히 습득하는 것이 첫 순서이다. 다음은 다양한 아이디어를 엿보는 것이다. 개인이 메타버스에서 하는 일을 살펴보다 보면 불현듯 떠오르는 아이디어가 있을 것이다.

타인이 메타버스에서 만든 창작물들을 살펴보자. 오큘러스 스토어, 로블록스의 게임, 마인크래프트의 다양한 오브젝트들 속에서 이런 상상의 가능성을 느껴보자. 사이드 퀘스트(https://sidequestvr.com)는 오큘러스의 비공식 마켓으로, 공식 마켓인 오큘러스 스토어에는 등록되지 못한 다양한 종류의 앱들을 만날 수 있는 공간이다. 사실 오큘러스 스토어는 엄격한 심의로 인해 자유로운 상상에 의한 결과물이 등록되지는 못한다. 보안 문제, 부족한 디자인, 미흡한 구성, 도덕적 가이드라인 등으로 인해 검수를 통과하지 못한 것들도 많다. 반면 사이드 퀘스트에는 상상으로 만들어진 모든 앱들이 존재한다. 수준 미달인 것도 있지만 오큘러스 공식 스토어에서는 분류조차 하기 어려운 독창적인 것들도 많다. 이곳을 통해 전 세계인들의 창의성을 엿볼 수 있다.

오큘러스 퀘스트는 스마트폰의 안드로이드 기반으로 운용되는 시스템이라 안드로이드용 APK 파일이 오큘러스에 설치될 수 있다. 오큘러스 기기의 설정에서 개발자 모드를 활성화하면 사이드 퀘스트를 통해 공개된 수많은 앱들을 설치해 볼 수 있다. 그렇게 다양한 사람들의 재기 발랄한 아이디어로 창조된 앱들을 사용하다 보면 불현듯 나만의 아이디어가 뒤통수를 스치며 찾아온다.

사이드 퀘스트에 등록된 재미있는 앱들은 지금도 무궁무진하게 업로드되고 있어 홈페이지에 가서 직접 살펴보기를 추천한다. 〈진격의 거인〉이라는 앱은 일본의 인기 만화인 진격의 거인을 모티브로 만들었다. 양손의 컨트롤러로 입체 기동 장치를 작동해 건물 사이를 넘나들면서 거인을 타고 올라가 뒷목에 접근해 베어 쓰러뜨리는 게임이다. 〈해피 런(Happy run)〉이라는 조깅앱은 달리기를 하면서 주변 경관을 보는 앱으로 땀에 흠뻑 젖을 만큼 운동을 할 수 있도록 해준다. 〈비트 세이버〉라는 오큘러스 스토어의 공전의 히트 게임앱도 사이드 퀘스트에서는 커스터마이징이 되어 원하는 음원을 추가해 공식 스토어에서 배포되는 것보다 더 다양한 음원으로 즐기는 것이 가능하다.

다양한 아이디어들이 넘쳐나는 사이드 퀘스트 마켓

비단 게임뿐만 아니라 다양한 종류의 창의적인 앱들을 살펴보다 보면 불현듯 스치는 아이디어들이 샘솟을 것이다. 사실 2010년 스마트폰으로 결제를 하고, 택시를 부르고, 배달을 시키고, 문서를 스캔할 수 있으리라 누가 생각했겠는가? 하지만 소수의 그 누군가는 그걸 생각했고 실행에 옮겼다. 메타버스에서도 새로운 아이디어가 거대한 비즈니스의 기회를 만들어줄 것이다.

Chapter 3

디지털 은둔과
초격차 사회에 대비

늘 새로운 기술, 혁신적인 경험은 기존의 고정 관념을 뒤흔들기 때
문에 두려움과 막연한 거부감이 있기 마련이다. 그런데 문제는 그
렇게 신기술을 수용하는 것과 거부하는 것이 사람마다 다르다는 것
이다. 누군가는 너무 적극적으로 수용하고, 누군가는 과하게 거부
한다. 그로 인해 격차가 생겨 디지털 양극화가 심해진다. 게다가 늘
ICT는 변화의 속도와 보급 속도가 빨랐다. PC보다 스마트폰이 더
빨리 보급되었고, 웹보다 모바일 시장 영향과 파급력이 더 컸다. 메
타버스는 그 이전의 기술보다 더 빠르게 시장에 확산되고 영향을
줄 것이다. 이에 대한 대비를 해야 한다.

탈국가의 제3세계

메타버스는 기존의 웹, 모바일에 이은 연장선상의 새로운 인터넷 세상이 아니라 오프라인 현실 지구 세계와 인간이 창조한 온라인 세상을 하나로 엮어 재탄생시킨 제3의 세계이다. 그렇게 창조된 세계는 수천 년 역사 속에서 만들어진 오프라인의 국가와 사회와 달리 불과 수년 만에 만들어지고 있다. 또, 그 세계를 만드는 것은 기업과 전 세계의 메타버스 시민들이지 국가 권력이 아니다. 기존의 오프라인 세계 속 정부는 메타버스 세계를 제대로 인지하지 못하고 있다. 설사 기존의 인터넷 세상과는 다른 규모이고 현실 세상에 영향을 준다고 전망을 하더라도 어떤 규제나 대비를 한다는 것이 쉽지 않다. 앞으로 메타버스가 어떻게 사회에 영향을 줄 수 있을 것인지에 대한 연구조차 제대로 되지 않은 상태에서 무엇을 대비하고 준비할 수 있겠는가?

국가 권력이 미치지 않는 무법 지대

2010년 즈음부터 세계화의 질서에 눈에 띄는 변화는 중국이 표방하는 일대일로 전략에서 알 수 있듯 세계 무대에서 중국의 역할과 비중이 커지고 있다는 점이다. ICT 분야에 있어서도 중국의 활약상은 눈부시다. 중국의 인터넷 기술과 인프라, 서비스 중 세계적인 수준의 것들이 늘어가고 있다. 화웨이처럼 네트워크 장비 분야의 기업부터 샤오미와 같은 전자기기 제조업체 그리고 알리바바와 같은 세계적인 온라인 유통 서비스와 틱톡이나 위챗과 같은 대중적인 인터넷 서비스에 이르기까지 중국의 영향력은 꾸준히 확장되고 있다. 특히 안면 인식과 같은 AI 기술 분야에서도 센스타임과 같은 세계적 수준의 기술력을 갖춘 스타트업도 있고, 자율주행 기술을 갖춘 자동차 기업들도 포진해 있다. CB인사이트가 2020년 5월 발표한 자료에 따르면 세계 유니콘 기업 436개 중에 미국이 214개, 중국이 107개로 양국이 보유한 기업 비율이 전체의 73.6%를 차지한다고 한다. 특히 중국의 유니콘 기업 중 주목받는 쪽은 바이트댄스(틱톡), 모빌리티 서비스인 디디추싱, 식료품 스타트업 메이카이 등이다. 이미 알리바바, 텐센트, 바이두, 징동 등은 아마존이나 구글과 같이 글로벌 인터넷 기업으로 발돋움하고 있을 정도다.

상황이 이러니 미국에서 중국의 이 같은 성장에 제동을 가하고 있다. 화웨이에 대한 견제부터 시작해 틱톡과 같은 대중적 인터넷 서비스가 미국 시장에 진출하는 것에 대한 제재도 본격화하고 있다. 그런데 제재의 명분은 무엇일까? 바로 중국이 미국 시민들에 대한 개인 정보와 데이터 수집을 통해 미국 정부와 주요 기업 그리고 미국인들에 대한 무차별적인 정보를 남용하는 것에 대한 보안 때문이다. 사실 인터넷 기술은 현실 세계의 정보를 디지털로 데이터화하고 국가를 넘어 시민들의 개인 정보를 수집해 국가 안보에 위기를 가져오고 더 나아가 자국 기업들의 사업 혁신에 위협을 가할 수 있다. 그러므로 다른 국가의 디지털 기술과 인터넷 서비스에 대한 견제는 당연한 것이다. 그것은 구글, 아마존, 페이스북, 애플, MS와 같은 미국의 빅테크 기업들에 대한 유럽과 세계 정부의 견제에 대한 명분이기도 하다.

그런데 메타버스는 기존보다 더 많은 데이터와 전 세계 시민의 개인 정보가 수집된다. 메타버스는 그 특성상 사용하는 전 시간 동안 모든 움직임이 기록된다. PC는 1시간 이상, 스마트폰은 10분 이상 화면만을 오직 쳐다보기가 쉽지 않다. 반면 VR, AR은 1시간 이상 오직 그 메타버스 세계에 온전히 집중하게 된다. 또, 메타버스를 이용하면서 내 머리와 시선, 양손의 움직임이 메타버스 아바타에 투영되어 데이터로 수집된다. 더 나아가 그 기기를 쓰고 있는 지구상의 내 위치와 내가 있는 공간 그리고 오프라인에 있는 내 주변의 사물들에 대한 정보까지 함께 메타버스 속에 기록된다. 온라인 활동 내역만 기록되는 기존의 디지털 장비와 달리 내 신체의 움직임과 오프라인 현실 속 내 주변 정보까지 자세하게 수집되는 것이다.

또한, 메타버스 서비스들은 현실처럼 가상의 세계 속에서 다양한 경제 활동을 하며 내 부캐를 키워가고, 시간과 공간이라는 개념이 포함되어 운영된다. 그렇기에 현실 속 사회에서 느끼는 경험을 많이 닮아 있다. 그런 제3의 세계, 사회는 누가 규범을 정하고 규정을 만드는 것일까? 바로 메타버스 플랫폼 기업이 정한 정책과 약관에 따라 그 세계는 운영되는 것이다. 한 기업이 거대한 가상의 제국을 운영하는 셈이다. 메타버스 세계에 우리가 현실 세계보다 더 오래 체류하고 더 중요한 경제 활동을 하게 된다면 우리는 과연 국가의 시민인 것일까? 그 메타버스 세계의 시민인 것일까?

디지털 분권화 속 중앙화의 가속화

디지털 기술은 전통적 대기업과 정부 주도의 중앙집권적 체계를 여러 인터넷 기업들과 나누고 개인에게 나누는 분권화를 가져다주었다. 물론 그 분권화도 시간이 흐르면서 각 분야별 인터넷 기업이 빅테크 기업으로 거대화되고 이들이 수직 통합적 사업을 전개해 가면서 또다른 대기업의 레거시가 되어가고 있는 것은 사실이다. 오히려 기존 대기업과 국가 권력을 통합한 더 큰 중앙집권화를 거머쥔 거대한 플랫폼 제국에 대한 견제의 목소리가 커져가고 있다. 국내에서도 이제 네이버와 카카오는 스타트업도 중소기업도 아니고 오히려 기존 그 어떤 대기업, 그룹보다 더 큰 거대한 플랫폼 기업이 된지 오래다 하지만 기존 빅테크 기업이 그렇게 호락호락 기득권을 포기할 리 만무하고 또 그 어떤 기업보다 오픈 이노베이션과 신사업 투자, 신기술 연구와 도전에 공격적인 이들 플랫폼 기업이 메타버스의 기회를 놓칠 리도 없다. 그런 면에서 이미 페이스북과 MS, 구글, 애플은 그 어떤 기업보다 메타버스 시장에 대한 도전을 공격적으로 이어오고 있다. 반면 국내의 카카오나 기존의 ICT 기업들은 그렇게 공세를 취하고 있지는 못하다. 그렇다면 메타버스 세계가 펼쳐지면 또 다른 제3세계의 플랫폼 제국의 지배자는 누가 될까? 미국의 빅테크 기업에 비하면 그 영향력이 제한적일 수 있는 국내 인터넷 플랫폼 기업은 이 공세에 기회를 놓치는 것일까?

그건 지금 국내 빅테크 기업 그리고 ICT 기업 더 나아가 새로운 기회를 노리는 신규 스타트업과 기존 전통 기업이 메타버스 시장에 어떤 대응을 해갈 것인가에 따라 달라질 것이다. 확실한 것은 늘 신기술이 등장하는 시장 초기에는 중앙 집권의 룰보다는 분권화의 기회가 더 많았다는 것이다. 자본과 기술 그리고 인력과 기존의 영향력으로 무장한 빅테크 기업이 신규 시장에서 늘 성공하는 것은 아니다. 오히려 덩치 큰 골리앗보다 다윗에게 시장 진입기에는 더 많은 기회가 있기 마련이다. 민첩하고 열정적이며 도전적이기 때문이다. 또, 그런 변화의 시기에 개인 역시 메타버스 사회의 중요한 이해관계자로서 목소리를 높일 수 있는 가능성이 열려 있다. 아직, 그 누구도 이 시장을 선점하고 있지 않기에 고객, 개인의 눈치를 볼 수밖에 없다. 그렇기에 지금이 개인과 시민에게 더 많은 기회를 주고 공정과 공평한 메타버스 사회를 위한 정책을 만드는 데 개인의 목소리에 귀를 기울일 수밖에 없다. 지금 자칫 개인, 이해관계자들의 목소리를 무시하면 플랫폼에 참여할 사용자들의 외면을 받을 수 있기 때문이다.

세계 각국의 정부 역시 3년 후 성장기에 접어들어 거대한 메타버스 플랫폼 제국이 완성되어 가는 즈음에 자국 시민과 기업들의 안녕과 공정한 경쟁을 위한 대비책을 강구하고 대안을 플랫폼 기업에 요구하려고 해서는 너무 늦다. 지금 대안을 모색하고 최소한의 규제나 장치를 제안을 하는 것이 비록 완벽하지는 않지만 정부의 입장과 의견이 조금이라도 반영될 확률을 높일 수 있다.

메타버스 간 경계로 인한 디지털 국경

이메일은 내가 네이버 메일을 이용하든 상대가 지메일을 이용하든 상관없이 전 세계 이메일 주소만 알면 발송이 가능하다. 우편도 마찬가지라 상대방의 주소만 알면 어떤 택배사를 이용하든 보낼 수 있다. 또 현실 세계에서 전 세계 어느 나라든 여권만 있으면 비행기로 갈 수 있다. 하지만 카카오톡 이용자가 페이스북 메신저 사용자에게 메시지를 보낼 수 없다. 서로 호환이 되지 않기 때문이다. 그리고 현대투자증권에서 매입한 삼성전자 주식을 상대방에게 계좌이체하듯 송금하는 것은 불가능하다. 그런 송금 기능을 증권사에서 지원하고 있지 않기 때문이다. 만일 메타버스가 보편적 기술이 되어 제3세계를 열었음에도, 서로 다른 메타버스 플랫폼 간에 메신저나 주식처럼 호환이 되지 않거나 지원하지 않는 기능이라 하고 싶은 것을 못한다면 얼마나 불편할까? 코로나19로 전 세계 어디든 떠날 수 있었는데 국경이 폐쇄되면서 여행의 자유가 제한되니 불편한 것을 넘어 국가 간 무역이나 여행업이 후퇴한 것처럼 메타버스도 서로 연결되지 않으면 경제 생태계가 활성화되기 어려울 것이다.

메타버스는 전 세계의 모든 사람들이 시공간을 넘어 가상의 공간 속에 어우러져 대화하고 다양한 활동을 할 수 있도록 만들어 주는 신세계임은 틀림없다. 하지만 그런 메타버스가 하나가 아니라 여러 개라면 다른 메타버스 사용자 간에 대화나 연결에 제약이 있을 것이다. 오큘러스에서 사용하던 아바타와 공들여 꾸민 옷, 힘들게 만든 액자와 공간을 홀로렌즈에서 사용할 수 없다면 얼마나 답답할까? 물론 하나의 메타버스 플랫폼이 전 세계를 통일한다면 이런 불편함은 없을 것이다. 하지만 인터넷 서비스가 그러하듯 하나의 플랫폼이 독식하지는 못할 것이다. 적어도 2~3개의 거대한 메타버스와 특화된 메타버스 4~5개가 공존하는 것이 미래의 모습일 것이다. 그때 어떤 메타버스든 공통적으로 사용할 수 있는 자원이 있다면, 메타버스의 이용이 더욱 편리해질 것이다.

메타버스는 지구상의 국경을 없애지만 메타버스 간 디지털 국경이 만들어질 것이다. 그 국경의 단절을 최소화하는 것이 메타버스 전체 생태계가 활성화될 수 있는 조건이다. 적어도 메타버스에서 나를 대표하는 아바타와 내가 꾸민 공간, 디지털 오브젝트와 메타버스에서 거래에 사용하는 화폐는 표준화되어 서로 다른 메타버스에서 통용될 수 있어야 한다. 더 나아가 메타버스 바깥의 온라인 그리고 오프라인과도 호환되는 체계 구축을 필요로 한다. 그렇게 되면, 웹의 NFT 마켓에서 50만 원에 구입한 디지털 화가의 작품을 오큘러스 속 가상의 서재에 설치한 액자에 걸어 둘 수 있다. 또, 홀로렌즈를 이용해 불러와 실제 내 방 서재 속 AR로 볼 수 있게 될 것이다. 그렇게 구입한 액자 속 그림을 3D 프린터로 인쇄하면 실제 내 책상 위에 장식품으로 올려 둘 수 있을 것이다. 또, 홀로렌즈로 회의를 하려고 메타버스 서재에 놀러 온 지인이 이 액자 속 그림을 잠시 빌려서 자신의 메타버스 집무실에 1년 가량 비치하고 그에 대한 사용료를 원작자에게 지불할 수도 있다. 물론 그때 내 서재의 그림 덕분에 사용권이 거래된 만큼 내게 사용료의 20%가 홍보료로 지급될 수 있다. 거래에 사용된 디지털 화폐는 이더리움을 통해 언제든 환전해서 거래소에서 현금화할 수 있다.

그렇다면 디지털 국경조차 희미해진 메타버스 사회에서 세금은 어떻게 부과되어야 할까? 지금 정부의 관련 부처에서 고민하고 연구해야 할 때다.

디지털 은둔자와 디지털 격차

메타버스를 그리는 많은 영화에서 지적하는 미래의 사회 문제는 탐닉이다. 메타버스에 너무 몰입해서 헤어나오지 못하는 중독 문제를 가장 큰 걱정거리로 묘사하고 있다. 사실 이미 우리 주변에서 인터넷 중독, 게임 중독, 스마트폰 중독으로 일상의 삶이 불편하거나 대화하기 어려운 사회 문제가 대두되는 것이 사실이다. 또한 디지털 기술은 우리 삶을 윤택하게 해주는 것은 맞지만 그 혜택을 누릴 수 없는 소외층은 오히려 상대적 박탈감에 불평등 문제를 야기하기도 한다. 메타버스가 가져올 사회 문제는 어떤 것들이 있을까?

디지털 탐닉으로 인한 중독의 우려

청소년을 키우는 집이라면 한번쯤 아이들의 디지털 사용 습관에 대해 걱정과 우려를 해본 적이 있을 것이다. 하루 종일 끼고 사는 스마트폰 때문에 학업, 식사, 잠 등 모든 것이 걱정이다. 학교 통학 시간에 늦고, 준비물을 잊어버리는 등 시간 관리가 전혀 되지 않은 인터넷 중독에 골머리를 썩히는 어른들이 많다. 성인조차 스마트폰 중독과 게임 몰입으로 자기 관리가 되지 않는 경우가 허다하다. 메타버스는 과연 어떨까? 두말하면 잔소리다. 메타버스가 얼마나 중독성이 있는지. 내가 움직이는 대로 아바타가 움직이고, 고개를 움직여 시선을 바꿀 때마다 달라지는 공간과 주변의 경관 그리고 온몸으로 하는 게임과 보다 즉각적이고 다양한 반응이 가능한 새로운 세계가 주는 경험은 기존의 스마트폰과는 차원이 다르다.

같은 기기를 동일하게 사용하더라도 사람마다 느끼는 경험은 다르다. 10대, 30대, 50대 그리고 기존에 스마트폰을 많이 사용해본 사람과 아닌 사람, 기술에 대해 긍정적인 사람과 아닌 사람, 어떤 직업인지 등에 따라 경험은 다르다. 메타버스에 대한 느낌과 중독성에 관한 평가도 그래서 모두 다르다. 실제 메타버스는 확연히 기존의 인터넷 사용 경험과 색다르고 공감각적이라는 것은 인정하지만 대다수 사람들은 머리가 어지럽다, 오래 쓰고 있으면 무겁다, 헤드셋 기기가 불편하고 뜨겁다, 1시간 이상 사용하는 것은 어렵다 등의 의견이 많다. 현재 메타버스 기기는 2010년 삼성전자의 갤럭시A와 같은 기술 수준이라고 보면 된다. 앞으로 진화하면서 보다 가벼워 지고, 발열이나 어지러움을 일으키는 문제도 상당 부분 해결될 것 이다. 기기의 성능이 향상되는 것은 물론, 컴퓨터와 연결 방식 등을 통해 더욱 선명하고 빠른 컴퓨터 파워를 얻게 될 것이다. 이렇게 불 편함이 해소되면 어떤 중독성이 나타날까? 1시간이 아니라 아예 거 기서 살려고 하는 사람마저 있을 수 있다. AR 안경을 쓰고 함께 식 사하는 사람은 아랑곳하지 않고 메타버스 속 사람과 대화를 하거나 게임을 하고 있을 수 있다. 거실에 앉아서 VR 헤드셋을 쓰고 양손 을 흔들다가 벌떡 앉았다 일어나 좌우로 흔들흔들하는 아들의 모습 을 볼 수도 있다. VR을 쓰고 침대에 누워 음악을 듣다 잠에 들고 아 침에 일어나자마자 가상의 오피스에 출근하는 사람이 있을 수도 있 다. 멀지 않은 미래에 펼쳐질 메타버스에 중독된 우리의 자화상이 될 것이다.

스마트폰 중독이나 게임 과몰입과 무엇이 다를까? 메타버스 중 독의 무서운 점은 두 가지다. 첫째는 고개를 돌려도 움직여도 늘 디 지털 세상 속이라는 점이다. 스마트폰은 화면을 보지 않으면 그만 이다. 적어도 목욕을 하거나 잠을 잘 때는 손에서 놓을 수밖에 없다. 하지만 메타버스는 늘 따라다닌다. 마치 몸에 착 달라붙은 거머리처럼, 속옷을 입은 것처럼 웬만해서는 떨어뜨리기 어려운 것이 중독의 무서움이다.

둘째는 메타버스 서비스의 특성이 공간에 있는 아바타로 다양한 경험을 하도록 해주기 때문에 게임, SNS, 쇼핑 등으로 서비스가 구분되지 않고, 모두 공간 내에서 벌어지는 메타버스 활동으로 통합된 서비스가 제공된다는 점이다. 이는 메타버스에 있게 되면 인터넷 서비스를 사용한다, 스마트폰 앱을 이용한다는 개념이 아닌 그냥 생활하는 것과 같은 기분이 된다는 것이다. 그 공간에서 일하고, 친구를 사귀고, 함께 놀러 가고, 힐링하고, 음악을 듣고, 영화를 보고, 콘서트장에 가고, 심지어 경제 활동까지 한다면 어떨까? 그냥 제2의 삶의 터전인 것이다. 그런데 그것이 주된 활동의 영역이 된다면, 메타버스가 내 삶을 방해하는 것이 되는 셈이다. 또 주객이 전도되어 현실이 메타버스의 삶을 방해하는 셈이 될 수 있다.

그런 면에서 차원이 다른 중독을 가져다줄 수 있는 것이 메타버스이다. 중독을 적절히 컨트롤하고 균형감을 가져야 하는 것은 개인의 인식에서 시작해야 하지만 이미 중독된 사람들을 위한 사회적 대처 방안과 처방에 대해서는 준비와 연구가 필요하다.

메타버스 왕따와 사이버 범죄

학교 현장에서 걱정되는 것이 바로 왕따 문제이다. 그런데 학교에서의 왕따는 오프라인을 넘어 온라인으로까지 확장되고 있다. 학교에서 왕따시키는 아이들을 온라인에서도 왕따를 하는 것으로, 카톡 대화방을 따로 만들고, 페북 메신저로 그룹을 나누어 온라인에서 괴롭힌다. 온라인 왕따가 더 무서운 이유는 늘 연결되어 있기 때문에 학교 밖에서도 지속된다는 점이다.

메타버스는 어떨까? 메타버스의 왕따는 학교를 넘어 지구촌 차원의 왕따를 양산할 수 있다. 메타버스의 대표적인 킬러앱, 핵심 서비스 기능은 대화이다. 아바타로 무한한 메타버스 공간을 돌아다니면서 친구를 사귀고 대화한다. 둘뿐만 아니라 집단이 어울려 다니기도 한다. 그런 공간에서 디지털 왕따가 만들어지면 어떨까? 신체적 위해를 가할 순 없지만 왕따의 부캐인 아바타에게 말이나 글이 아닌 행동으로 자존감을 떨어뜨리고 공간을 구분해서 왕따를 시킬 수 있다. 즉, 아바타와 공간, 디지털 오브젝트를 이용해 온라인 왕따보다 더한 모멸감을 줄 수 있다. 그 모멸감은 학교의 30~40명 한 반 친구들이 아닌 지구촌 메타버스 속 모든 아바타들에게 공개되거나 전파될 수 있다. 자정 작용에 의해 그런 문제가 발견되고 교정의 기회를 얻으면 좋겠지만 그러지 못할 경우 파국은 더욱 커질 것이다.

온라인처럼 메타버스도 그런 폐해가 더 크면 컸지 작지는 않을 것이다. 오히려 메타버스 기술이 주는 깊은 몰입감, 입체감, 공감각으로 왕따와 같은 폐단이 심화할 수 있다. 온라인의 개인 정보 도용이나 해킹 그리고 악성 댓글처럼 메타버스도 이같은 문제를 양산하고 키울 수도 있다. 디지털 실체를 가진 아바타를 이용한 린치가 있을 수 있고, 아바타를 가로채 금융 사기나 디지털 자산의 도둑질이 발생될 수도 있다. 현실 세계에서 벌어지는 범죄가 디지털 기술로 날개를 달면 왕따를 넘은 심각한 범죄가 양산될 수 있는 것이다.

우리 사회가 안전하게 유지되기 위해서 정책만이 아니라 규범이나 도덕이 있으며, 이를 가능하게 해주는 공권력이 존재한다. 경찰과 소방관, 청소부 등 다양한 일꾼들이 이 사회를 유지하는 데 중요한 역할을 한다. 메타버스 사회도 이처럼 안전하게 유지하기 위한 인프라, 역할들이 필요할 수 있다. 실제 사람이 아니라 AI 아바타가 대신할 것이다. 다행히 디지털로 구현된 메타버스의 모든 공간 속 아바타들의 활동 내역은 디지털로 기록될 수 있다. 기록들을 수집, 분석해서 메타버스 속 범죄나 사회 문제에 대한 점검과 대처를 하는 것은 오프라인 세상보다 더 빠르고 정확할 수 있다. 하지만 범죄가 저질러진 이후 단죄를 가하는 것보다 예방적 차원에서 메타버스 사용자들이 사전에 도덕적인 윤리 의식을 갖추도록 하는 것이 중요한 만큼 실제 사회의 필수 역할들이 필요로 하게 될 것이다. 그렇게 되면 메타버스 세상은 사람과 AI가 더불어 사는 사회가 될 것이다. 현실에서 볼 수 없던 AI와 소프트웨어가 디지털 실체를 가지고 메타버스에 출현하게 되는 것이다.

제3의 세계인 메타버스는 기존에 우리가 알던 곳과는 다르고, 그런 사회가 건강하게 유지되기 위해서는 플랫폼 기업에 모든 것을 맡길 수는 없다. 각국의 정부와 사회 단체 그리고 사용자들의 협의하에 메타버스 사회의 규정과 규범에 대한 정책 마련이 필요하다.

디지털 격차로 발생되는 사회 문제

컴퓨터, 인터넷은 확실히 우리 인류에게 문명의 발전 그리고 개인의 성장을 돕는 데 지대한 역할을 했다. 그런데 그런 기술을 사용조차 할 수 없는 사람들은 그만큼 상대적인 차별을 받는 것이다. 돈이 없는 빈민층이거나, 국가 인프라가 지원이 안돼 돈이 있어도 그런 기술 혜택을 받을 수 없는 사회의 구성원들이 있다. 공정한 기회가 주어진 것이 아니기에 이들 소외층은 더 나은 삶과 성장할 수 있는 가능성을 잃어버린 셈이다. 디지털 기술로 한쪽은 갈수록 성장하고, 한쪽은 갈수록 한계를 느끼는 것이 디지털 격차이다.

메타버스는 모든 ICT 기술이 혼합되어 더 나은 편의와 새로운 경제적인 생태계를 만들어 주는 거대한 패러다임이다. 그런데 그런 패러다임을 경험조차 할 수 없다면 당연히 성장의 박탈감을 가질 수밖에 없다. VR, AR 등의 기기를 사보지도 못하고, 이용하기에 기술 인프라가 부족하다면 이미 출발선 자체가 공정하지 않다. 또한 그런 디지털 격차가 돈이나 인프라의 한계가 아닌 세대 차이 즉, 수용력의 차이에서 발생한다면 그 또한 사회 문제이다. 작은 스마트폰을 손가락으로 눌러가며 사용하는 모바일 인터넷은 60대 이상의 노년층에게 20대의 청년들처럼 편안하고 자유로운 기술은 아니다. 60대 이상도 모바일 앱 사용량이 늘었지만, 청년층의 인터넷 사용에 비하면 한참 떨어진다.

메타버스는 더할 것이다. 특히 양손과 머리에 디바이스를 끼고 사용하는 메타버스 서비스의 특성상 신체적 반응이 떨어지는 노년층에게는 상당히 부자연스러운 작동법이다. 노안이 오거나 손과 발이 불편해 운전하기 힘든 자가 운전자에게 자율 주행차는 디지털 격차를 해소해 주는 착한 기술이다. 메타버스도 착한 기술로 디지털 격차를 줄이기 위해서는 신체가 불편한 노년층이나 장애인을 위한 특별한 인터페이스의 진보가 필요하다. 물론, 기술 소외층에게 공정하게 메타버스 세상이 다가갈 수 있도록 기업의 ESG(Environmental, Social and Govenance, 기업의 환경, 사회, 지배 구조) 경영 차원에서, 공정한 사회를 만들기 위한 정부의 공익 목적의 지원도 필요할 것이다.

빅브라더를 넘어
빅파더의 폐단

2016년 미국 대선 당시 페이스북과 데이터 사용 계약을 맺은 CA(케임브리지 애널리티카)는 페이스북을 이용하는 5,000만 명의 데이터를 이용해 당시 대통령 선거 후보였던 도널드 트럼프의 선거 전략을 수립하는 데 남용했다. 페이스북은 당시 사용자의 데이터를 오용하는 데이터 스캔들에 대해 소극적으로 대처함으로써 논란을 키웠고, 미국 일부 주 정부는 이를 조사까지 했다. 플랫폼 기업은 이용자들로부터 수집한 개인 정보를 효과적으로 활용해 사업을 혁신하고 다양한 수익 모델을 창출한다. 하지만 이 데이터를 오용, 남용, 악용하면 빅브라더의 이슈가 되기도 한다.

모든 움직임이 포착되는 감시의 세상

메타버스는 무한정으로 가상의 카메라를 설치해 제3세계 속에서 벌어지는 일들을 실시간으로 모니터링할 수 있다. 심지어 그 카메라를 보이지 않게 숨길 수도 있다. AI 아바타를 이용해 특정인에게 접근해서 길게 대화하면서 정보를 빼내는 것도 가능하다. 기존의 온라인 서비스보다 더 강력하고 집요하게 특정인에 대한 디지털 사찰이 가능한 셈이다. 머릿속에 든 생각과 계획까지 염탐할 수 있는 것이다. 메타버스에서는 게임, 대화, SNS를 넘어 경제 활동까지 하고 송금과 거래, 금융 서비스를 이용할 수 있기에 수집되는 데이터의 양과 질도 방대하다.

특히, 메타버스 기기는 웨어러블 디바이스로 신체에 착용하는 방식으로 작동된다. 그 과정에서 우리 신체의 바이오 리듬이나 움직임 등에 대한 정보마저 수집할 수 있다. 머리에 끼는 헤드셋이 진화하면 여러 센서들을 통해 안구의 움직임과 고갯짓, 표정까지 포착하면 완벽한 감시 기기가 될 수 있다. 게다가 VR, AR 기기에는 카메라와 라디아 센서가 달려 있어 내가 있는 공간의 크기와 주변 사물들에 대한 정보까지도 포착이 가능하다. 이들 기기에 사물을 인식하고 인증하는 기능이 제공되면 내 공간에 어떤 브랜드의 제품이 있는지까지도 수집될 수 있을 것이다.

구글과 네이버는 우리가 무엇을 찾고 싶은지, 어떤 것에 관심이 있는지, 뭘 궁금해하는지 잘 안다. 검색어 데이터 덕분에 우리의 취향을 알 수 있는 것이다. 페이스북과 카카오톡은 우리가 친하게 지내는 사람과 그들과의 관계 그리고 무슨 생각을 하며 살고 어떤 대화를 하는지를 안다. 우리가 SNS와 메신저에 남기는 글과 사진 그리고 친구와의 대화 덕분에 알 수 있는 것이다. 인스타그램과 쿠팡은 우리가 뭘 먹고, 어디를 가는지, 뭘 사는지를 안다. 카카오페이는 우리가 얼마나 벌고, 얼마나 쓰는지 경제 활동 내역을 안다. 이러한 데이터 덕분에 이들 기업은 우리에게 광고를 팔고, 물건을 팔고, 서비스를 팔아 비즈니스를 운영할 수 있는 것이다. 그것도 효율적으로 정교하게 할 수 있다.

메타버스에서 수집되는 데이터는 우리의 미래를 알게 해줄 것이다. 욕망과 생각 그리고 현재의 상태를 넘어 앞으로의 미래에 대한 꿈과 의지, 실행 가능성에 대해 알 수 있을 것이다. 기업들은 이를 활용해 비즈니스를 해갈 것이다. 우리의 데이터가 제한된 목적으로 한시적으로 활용되면 좋겠지만 만일 이 데이터를 악용한다면, 우리의 삶에 자유 의지가 아닌 플랫폼 지배자들의 의지가 더 많이 개입되고 통제될 수 있음을 경계해야 한다.

개인의 사고에 대한 통제와 지시

유튜브와 아마존의 추천에 익숙해지면 우리가 보고, 사는 것들은 알고리즘이 추천하는 것에 길들여진다. 내 생각과 사고로 선택하는 것이 아닌 AI가 주는 것만을 취하게 되는 것이다. 그렇게 미디어와 쇼핑을 하게 되면 우리의 사고도 그런 알고리즘에 맞춰지게 된다. 미국 중심의 뉴스 브리핑과 보수주의적 시각의 입장을 대변하는 영상만을 보게 되면, 당연히 내 정치적 입장도 그런 방향으로 흘러가게 된다. 아마존이 추천한 상품들만 구매하다 보면 다양한 대안 소비에 대한 고민 없이 오직 그 회사의 상품들 외엔 거들떠 보지 않게 되는 것이다. 먹거리와 옷, 화장품 그리고 의약품 등으로 확대되면 알고리즘이 나를 키우고 옷을 입히는 것이나 다름없다. 내비게이션에 익숙해지면 눈앞에 뻔히 막히지 않은 길이 보임에도 불구하고, 목적지를 코앞에 두고 내비게이션이 추천하는 길로만 기계적으로 운전하게 되는 것이다.

빅브라더 이슈는 메타버스를 통해 수집된 데이터를 이용해 권력자가 절대 권력을 휘두르고 대중을 지배하는 것인데, 메타버스는 우리의 생각과 사고를 길들이고 조정할 수 있을 만큼 몰입도가 높아 악용될 우려가 크다. 메타버스에서 만나는 아바타와 그들과의 대화, 더 나아가 함께 하는 놀이와 문화 속에서 자연스레 함께 보고 듣는 집단주의가 형성되기 쉽다. 메타버스에서 콘텐츠와 미디어를 소비하다 보면 AI가 추천하는 것보다 더 무섭게 동질감을 가지는 커뮤니티의 아바타들과 편향된 집단 사고를 하기 쉽다는 것이다.

메타버스의 무서움은 온라인에 그치지 않는다. 메타버스는 온라인과 오프라인을 연결시켜 주는 브리지 역할로 온라인 세상과 오프라인 현실 양쪽에 지대한 영향을 준다. 특히 메타버스 기술이 고도화되면 메타버스에서 조작한, 작동한, 행동한 내역이 오프라인 현실계에 고스란히 반영되면서 서로 완벽하게 연결될 것이다. 즉, 메타버스에 등록한 전자기기의 제어, 조명이나 인덕션 등의 조작, 가상 오피스로의 출근과 클라우드 컴퓨터의 이용, 오프라인 브랜드와 기업과의 커뮤니케이션, 전화 통화 등 오프라인에 실제 영향을 줄 수 있는 행동들을 메타버스에서 수행할 수 있다. 그만큼 메타버스 플랫폼의 영향력과 파워는 크다. 메타버스가 개인 정보와 데이터 그리고 몰입감 더 나아가 오프라인과 연동되는 특징을 이용해 우리의 사고와 행동을 통제하고 조작한다면, 그로 인한 여파는 상상할 수 없을 만큼 큰 사회 문제를 야기할 것이다. 메타버스는 PC, 스마트폰, 인터넷 등의 기술이 가져온 변화와 영향보다 더 큰 파급력을 가지고 있음을 인식하고 깨어 있는 자세로 이를 이용해야 할 것이다.

3번째 세상
메타버스의 비즈니스 기회

2021. 9. 16. 초 판 1쇄 인쇄
2021. 9. 23. 초 판 1쇄 발행

지은이 | 김지현
펴낸이 | 이종춘
펴낸곳 | **BM** (주)도서출판 **성안당**

주소 | 04032 서울시 마포구 양화로 127 첨단빌딩 3층(출판기획 R&D 센터)
　　　 10881 경기도 파주시 문발로 112 파주 출판 문화도시(제작 및 물류)

전화 | 02) 3142-0036
　　　 031) 950-6300
팩스 | 031) 955-0510
등록 | 1973. 2. 1. 제406-2005-000046호
출판사 홈페이지 | www.cyber.co.kr
ISBN | 978-89-315-5777-0 (03320)
정가 | 16,000원

이 책을 만든 사람들
책임 | 최옥현
기획·편집 | 조혜란
진행·교정 | 장윤정
본문 디자인 | 강희연, 오지성
표지 디자인 | 강희연
홍보 | 김계향, 유미나, 서세원
국제부 | 이선민, 조혜란, 권수경
마케팅 | 구본철, 차정욱, 나진호, 이동후, 강호묵
마케팅 지원 | 장상범, 박지연
제작 | 김유석

■ 도서 A/S 안내

성안당에서 발행하는 모든 도서는 저자와 출판사, 그리고 독자가 함께 만들어 나갑니다.
좋은 책을 펴내기 위해 많은 노력을 기울이고 있습니다. 혹시라도 내용상의 오류나 오탈자 등이 발견되면 **"좋은 책은 나라의 보배"**로서 우리 모두가 함께 만들어 간다는 마음으로 연락주시기 바랍니다. 수정 보완하여 더 나은 책이 되도록 최선을 다하겠습니다.
성안당은 늘 독자 여러분들의 소중한 의견을 기다리고 있습니다. 좋은 의견을 보내주시는 분께는 성안당 쇼핑몰의 포인트(3,000포인트)를 적립해 드립니다.

잘못 만들어진 책이나 부록 등이 파손된 경우에는 교환해 드립니다.